메타인지,
생각의 기술

메타인지,
생각의 기술

오봉근 지음

일에일북

◦————◦

AI 시대에 필요한 유일한 역량, 메타인지

'업무 센스가 있다.' '유능하다.' 또는 '일머리가 있다.' 등의 여러 추상적 수식으로 묘사되는 '일 잘하는 사람'의 실체가 무엇인지 필자는 상당 기간을 고민했다. 모두가 알다시피 수능점수, 학사 졸업 석차나 박사학위가 일 잘하는 사람을 증명하는 것이 아니다. 심지어 회사의 철저한 입사 시험을 통과한 사람들 사이에서도 일하는 능력은 차이가 확연하다. 무엇이 이러한 차이를 만드는 것일까? 그리고 그러한 차이가 AI 시대에는 어떻게 변화할까?

필자는 2006년 여름, 한 글로벌 컨설팅사에서 인턴 생활을 시작했다. 그 인연은 생각보다 오래 지속되었고, 필자는 회사 내

최고 임원인 '회사 지분을 소유한 파트너'까지 최단 기간에 올랐다. 그러나 2019년 12월의 마지막 날, 여러 만류를 뿌리치고 회사를 떠났다. AI 시대에 펼쳐지는 더 의미 있는 기회를 보았기 때문이다.

필자는 재직하던 회사에서 최고로 일 잘하는 경영 컨설턴트였다. 상위 5%에게만 부여하는 최고 평가 등급을 받지 못한 해가 별로 없었다. 재직 기간 동안 승진자 명단에 이름을 9번 올렸다. 이는 회사의 직급 체계가 단순화되면서 향후에도 깨지지 않을 기록이 되었다. 흔히 하는 말로 줄을 잘 서거나 정치력 또는 아부로 이룰 수 있는 성취는 아니었다. 필자가 9번 승진을 하는 동안 의사결정권자인 대표이사는 6번 바뀌었다. 또한 9번의 승진에는 한국과는 환경이 다른 미국에서 근무하던 시절, 미국인 평가자와 그들의 평가 체계에 따라 이룬 승진도 포함되어 있다.

필자는 나름의 성취가 있었던 경영 컨설턴트로서의 커리어를 언젠가 한 번쯤 글로 정리해두고 싶었다. 많은 후배들이 필자의 성취 비결을 물어왔기 때문이다. 그때마다 고민해보았지만, 비결이라고 할 만한 개념은 '메타인지'밖에 없었다. 그러나 메타인지에 대한 연구는 놀랍도록 부족했다. 특히 업무 현장에 적용할 수 있는 내용은 거의 전무했다.

메타인지는 아직 메커니즘이 충분히 밝혀지지 않았다. 그렇기 때문에 정보통신기술을 이용해 재현이 어렵다. 같은 이유로 인해 AI 시대에도 메타인지는 인간만의 고유 영역으로 남아 있을 가능성이 크다. 또한 이 책에 담은 필자의 주장도 메타인지에 대해 부분적으로 밝혀진 내용이나 가설에 근거한다는 한계가 있다. 그러나 업무 현장에서 메타인지에 대한 이해나 정리가 전혀 되어 있지 않은 현 상태보다는 조금이라도 진일보한 개념을 제시하리라 믿는다.

만일 이 책에서 한 줄이라도 독자분들께 도움이 되는 내용이 있다면, 그것은 늘 필자의 버팀목이 되어주는 사랑하는 아내와 딸, 그리고 순수한 열정으로 함께 토론하고 고민했던 딜로이트 컨설팅의 선후배 및 동료들 덕분이며, 그분들께 공을 돌리는 것이 마땅하다.

오봉근

차례

2장

메타인지가 뛰어난 사람들의 다섯 가지 특징

3장

어디에도 없던 메타인지 향상법

4장

우리 주변에 숨어 있던 메타인지 사례

5장

AI 시대 조직의 생존을 좌우하는 메타인지

6장

조직적 메타인지를 높이는 다섯 가지 방법

7장

글로벌 기업들의 조직적 메타인지 사례

METACOGNITION

· 1장 ·

메타인지는
왜 중요한가

문제해결력은
AI 시대에도 핵심이다

우리는 이미 AI 시대를 살고 있다

이미 AI 시대다. '앞으로 다가올' AI 시대를 준비해야 하는 것이 아니라, 지금 당장 무엇을 해야 할지를 이야기해야 할 때다. 그런데 데이터 사이언스나 코딩과 관련이 없는 상당수의 사람들은 별다른 준비 없이 AI 시대를 살고 있다. 사실 평범한 직장인, 학생, 주부 또는 그 누구라도 간단한 사고의 힘을 통해 AI 시대에도 존재감을 드러낼 수 있다. 특히 AI의 범용화가 진행되는 향후 3~5년간은 누구든 특정 영역에 AI 활용의 깃발을 꽂으면 본인의 영토를 확보할 수 있는 개척 시대가 열렸다.

이 책의 출간은 2020년 4월 28일에 출판사 대표님과 처음 논의하게 되었는데, 같은 날 연합뉴스는 다음의 날씨 기사를 보도했다. 연합뉴스에서 기사를 제공받는 국내 주요 언론사들이 하기 내용을 그대로 게재했다. 이에 따라 국내 많은 독자들이 읽은 내용이다. 이상한 부분이 있는지 한번 읽어보기 바란다.

수요일(29일) 전국 맑고 큰 일교차… 수도권 오전 미세먼지 '나쁨'

수요일인 29일은 전국이 맑은 가운데 아침저녁으로 쌀쌀해 일교차가 크겠다. 아침 최저기온은 4~15도, 낮 최고기온은 18~26도로 예보됐다. 기상청은 "낮과 밤의 기온차가 10도 이상으로 크겠으니 건강관리에 유의하기 바란다"고 당부했다. 30일까지 중부 내륙에는 아침 기온이 5도 이하로 떨어지는 곳이 많겠다. 농작물 냉해로 인한 피해가 없도록 특히 주의해야 한다.

미세먼지 농도는 전 권역에서 '좋음'~'보통' 수준으로 예상된다. 다만 서울과 경기도는 오전에 일시적으로 '나쁨' 수준이겠다. 대기질통합예보센터는 "새벽에 약한 국외 미세먼지가 유입돼 오전에 일부 중서부 지역의 농도가 다소 높을 것으로 예상된다"고 설명했다.

바다의 물결은 동해 앞바다에서 0.5~1.5m, 서해 앞바다에서 0.5~1m, 남해 앞바다에서 0.5~1m로 일겠다. 먼 바다의 파고는 동해 0.5~2m, 서해 0.5~2m, 남해 0.5~1.5m로 예상된다.

– 연합뉴스(2020.04.28)

이 기사는 AI가 작성한 기사다. 보도된 내용이므로 이상한 점이 있을 가능성은 매우 낮다. 물론 이 기사 이전에도 AI가 작성한

기사는 이미 많이 있었다. 다만 문장의 틀은 기자들이 먼저 써놓고 AI가 '숫자'만 끼워 넣는 형식이 대부분이었다. 스포츠 경기 결과나 증시 관련 기사가 대표적 사례다. 그러나 이 기사는 인간 기자의 기사 틀 없이 AI가 초고를 작성했다는 점에서 특별하다. 이 기사를 작성한 연합뉴스의 날씨 기사 작성용 AI는 지금 이 순간에도 하루 세 차례 스스로 날씨 기사를 뽑아 초고를 송부하고 있다.

'AI가 초고를 작성한 기사가 보도되었다'는 내용 자체를 뉴스 거리로 보도한 또 다른 매체는 "AI 활용으로 뉴스 생산성이 높아지고 기자들이 심층 취재에 몰두할 수 있게" 되기를 기대한다는 코멘트를 덧붙였다. AI의 추가적 발전 소식에 늘 패키지로 따라오는 언급이 이것이다. 'AI가 인간을 단순 작업에서 해방시키고, 인간은 보다 창의적이고 의미 있는 일에 집중하는 효과가 기대된다'는 내용이다. 그런데 인간이 더 많은 시간을 쏟을 수 있다는 '창의적이고 의미 있는 일'의 실체는 대체 무엇일까?

창의적 영역이라면 가장 먼저 예술 분야가 생각난다. 제아무리 AI가 기법이나 기술적 측면에서 인간을 앞선다 할지라도, 인간 고유의 감성적 가치가 내재된 문학, 음악, 춤, 미술, 영상 등의 작품은 그 표현 자체만으로 누군가에게는 위대할 수 있다. 유치원에 다니는 딸아이가 그린 그림이 실력 면에서는 형편없지만 그 부모에게는 한없이 소중한 것처럼 말이다. 따라서 AI 시대에 인간이 창의력을 기반으로 진행해야 하는 예술 분야는 이 책에서 논외로 하겠다. AI 시대의 인간미에 기반한 논의는 AI 시대에

'공감'과 '창의력'이 중요하다는 요지로 시중에 많이 소개된 도서
들을 추천한다.

AI 시대에는 문제해결력이 더 중요하다

이 책에서는 인간이 '더 의미 있다'거나 '더 생산적인' 일에 집중
할 수 있도록 해준다는 것의 실체가 무엇인지 따져보는 데 더 중
점을 둔다. 나아가 평범한 직장인 수준에서 더 의미 있고 생산적
인 일을 하려면 당장 오늘부터 향후 3~5년간 어떤 역량을 개발
해야 하는지에 집중하고자 한다. 필자는 이러한 논의를 시작하기
위해 앞서 AI가 작성한 날씨 보도 기사에서 무언가 힌트를 얻을
수 있을까 주의 깊게 살펴보았다. 실제 해당 기사 말미에는 "기
사가 인공지능 자연어처리 기술로 자동 작성되어 편집자의 데스
킹을 거쳤다."라고 각주를 달고 있다. 해당 과정을 담당한 것으로
보이는 기자의 이름이 바이라인(By Line)으로 붙어 있기도 하다.
　언론계에서 '데스킹'은 흔히 책상에 앉아 업무를 보는 비중이
높은 차장급 이상 고참 기자들이, 후배 기자들의 작성 기사를 손
질하고 헤드라인을 결정해 출고하는 일을 말하는 것으로 알려져
있다. 이를 바탕으로 추론하자면 적어도 날씨 기사 작성 및 송고
에서는 '더 의미 있고' '생산적인' 업무와 그렇지 않은 업무가 다
음과 같이 구분되었다고 볼 수 있다. 물론 날씨 기사 작성은 첨예

한 쟁점이나 기자들의 비판적 사고가 상대적으로 불필요하다는 특성을 먼저 이해할 필요는 있다.

날씨 기사 작성 시 AI가 담당한 덜 의미 있고 비생산적인 과정 예시

1. 기상청 데이터 및 미세먼지 관측·예측 데이터를 확인한다.
2. 보도자료 등을 통해 기상청 관계자 등의 코멘트를 확인한다.
3. 수집된 데이터를 바탕으로 초고를 작성한다.

날씨 기사 작성 시 인간이 담당한 더 의미 있고 생산적인 과정 예시

1. 기사에 문제가 있는지 사전에 검토한다.
2. 기사의 문장 표현을 개선한다.
3. 기사의 분량을 조절한다.
4. 미디어 시장 환경을 기반으로 기사의 상품성을 높일 헤드라인을 뽑는다.

상기에 예시로 나열한 상세 업무를 보자면 단순 사실관계 및 데이터 확인과 이에 기반한 문장의 작성은 AI에게 맡겨졌다. AI가 이 업무를 담당하기 전에는 필시 경력이 짧은 수습 기자가 훈련 차원에서 담당했을 것 같다. 직장 생활을 좀 해봤다면 충분히 납득이 가는 부분이다. 반면에 인간은 문제의식에 기반한 비판적 사고가 좀 더 필요한 영역을 맡았다. 결국 문제해결이 필요한 부분이 더 의미 있고 생산적인 업무의 실체라는 것이다.

고객사의 문제를 해결해주고 수수료를 지급받는 것이 업(業)인 경영 컨설팅 회사에서 오랜 기간 근무했던 필자가 볼 때도, 앞에 묘사된 데스킹이라는 과정은 다음의 문제의식을 갖고 시작한 전형적인 문제해결행위다. 또한 AI가 담당한 업무보다는 고차원적 문제해결인 것도 확실하다.

데스킹 과정에서 답해야 하는 주요 질문 예시

1. 기사가 내포한 정보가 사회 및 우리 언론사에 불필요한 부정적 영향을 미칠 소지가 있는가?
2. 작성된 문장은 독자에게 정보를 쉽고 편하게 전달하는가?
3. 다른 기사들과의 우선순위를 고려할 때 분량을 조정할 필요가 있는가?
4. 어떤 헤드라인을 써야 더 많은 독자들의 관심을 끌 수 있는가?

위와 같은 문제의식을 담은 의문문을 좀 더 정교하게 다듬으면, 이른바 문제해결 기법상 '핵심 질문'이 될 수 있다. 경영 컨설팅 또는 문제해결 기법이 적용되는 각 분야에서는 핵심 질문을 세우고 이에 답해가는 과정이 곧 문제해결이라고 가르친다. 핵심 질문에 대해 가설로 답하고 이를 검증하면 학계에서 사용하는 논문 작성의 흐름이 되고, 핵심 질문에 대해 사실에 근거한 법리적 주장을 펼치면 법률 문서가 된다. '문제해결'이란, 주어진 자원으로 당면한 어려움을 해결하거나 개선하는 모든 분야에 적용되는 것이다. 또한 문제해결 과정은 자본주의 사회에서 대부분의 기업체 의사결정 과정에 그대로 적용된다. 적어도 필자가 경험한 60여 개의 국내외 최고 수준 기업체 고객사들은 그러했다.

그러나 바둑으로 인간을 이긴 AI가 주도하는 세상에서도 인간의 문제해결은 여전히 중요할까? 적어도 AI 범용화가 진행되는 향후 몇 년간은 확실히 중요하다. AI가 적용될 수 있는 분야를 확인하고, 적용의 장애 사항을 해결하며, AI를 제대로 학습시켜 가는 모든 과정이 결국 인간의 문제해결 영역으로 남아 있기 때문이다.

사실 문제해결은 인류가 생존을 위해 고대부터 지속해온 행위이기도 하다. 인류가 처음 불을 발견했을 때 인간은 어떤 갈등을 경험했을까? 뜨겁고 압도적인 빛깔로 넘실대며 숲을 태우는 공포의 대상이 결국에는 우리 모두를 태워버리고 종말을 가져올 것이라는 의견도 있었을 듯하다. 그러나 불은 맹수의 공격과 추위로부터 인간을 지켜주며, 소화가 더 잘 되고 안전한 음식을 먹을 수 있는 도구로 사용 가능하다고 일부 긍정적인 인간들이 주장했을 것이라 상상해본다. 결과적으로는 누군가 문제해결력을 발휘함으로써 화재의 위험은 최소화하고, 맹수의 공격과 추위에서 벗어나는 데 불을 활용했으며, 보다 안전한 식량의 공급이라는 문제를 해결했기 때문에 우리 같은 후대가 존재하는 것이다.

이미 다가온 AI 시대에도 AI가 사람의 일자리를 빼앗고 나아

✿ 업무에 가장 필요한 역량

순위	2015년	2020년
1	문제해결력	문제해결력
2	조율 및 조정	비판적 사고
3	인력 관리	창의성
4	비판적 사고	인력 관리
5	협상력	조율 및 조정
6	품질 관리	감성 지능
7	서비스 마인드	판단 및 의사결정
8	판단 및 의사결정	서비스 마인드
9	청취 능력	협상력
10	창의성	융통성

세계경제포럼(World Economic Forum)의 발표에 따르면 2020년 업무에 가장 필요한 역량으로 문제해결력(Complex Problem Solving)이 2015년에 이어 1위로 뽑혔다. 또한 2020년에 필요한 역량으로 비판적 사고(Critical Thinking)가 2위에 오른 것이 눈길을 끈다.

출처: 세계경제포럼 '직업의 미래' 보고서

가 영화 〈터미네이터〉 속 스카이넷처럼 인류를 지배하게 될지도 모른다는 우려는 여전히 있다. 반면에 인간이 문제해결력이 필요한 더 의미 있고 생산적인 일에 집중할 수 있도록 해준다는 주장도 늘고 있다. 인류가 약 140만 년 전 처음 불을 발견하고 심각히 논의했을 문제들과 매우 유사하게 들린다. 역사가 반복되듯

☼ 직업별 업무 자동화 위험도

순위	직업	자동화 위험도
1	텔레마케팅업	99.0%
2	타이피스트 또는 속기사	98.5%
3	법률 비서	97.6%
4	재무 회계 담당자	97.6%
5	측정 및 계량 전문가	97.6%
6	정기적 조사 및 테스트 종사자	97.6%
7	영업 사무업	97.2%
8	경리, 급여 지급 담당자	97.0%
9	재무 담당자	97.0%
10	연금 및 보험 사무 종사자	97.0%

BBC는 옥스퍼드대학교 및 딜로이트와 함께한 연구를 통해 AI 또는 로봇에 의해 대체될 업무를 직업별로 분석했다. 자동화 위험도(Automation Risk)가 100%에 가까울수록 업무의 대부분이 AI 또는 로봇에 의해 자동화될 것이라는 뜻이다.

출처: BBC(www.bbc.com/news/technology-34066941)

논의의 결론도 동일하리라 예상한다. 인류의 발전 방향은 정해져 있고, AI는 그 발전을 위한 도구다. 마치 불처럼 말이다. 단지 우리에게 필요한 것은 이를 인류의 진보와 개인의 발전을 위해 어떻게 활용할지를 판단하는 문제해결력이다.

문제는 인지해야 해결된다

문제해결은 모두가 하고 있지만, 제대로 하는 사람은 많지 않다.
IQ, EQ와 같이 문제해결력(PQ; Problem-solving Quotient)에는
개인마다 능력 차이가 존재한다. 문제해결력은 쉽게 이야기해서
문제를 정의하고 해결하는 과정을 빠르고 효과적으로 진행할 수
있는 능력이다. 문제를 해결하는 과정은 간략히 요약하면 다음의
단계를 거친다.

문제해결 과정 요약

1. 문제가 되는 사항을 파악한다.

2. 대안을 도출한다.

3. 보유한 자원 활용 가능성을 판단해 최적의 대안을 결정한다.

4. 실행한 뒤, 결과가 만족스럽지 않으면 다른 대안을 도출해 재시도한다.

이 문제해결 과정은 기업 업무뿐만 아니라 학생들이 시험을 볼 때, 배우자를 선택할 때, 쇼핑을 할 때 등 일상 생활의 모든 영역에 알게 모르게 적용되고 있다. 인간 사고 능력의 근간이라고 볼 수 있는 것이다. 첨언을 하자면, AI 인공신경망 구조의 알고리즘이 연산을 수행해나가는 과정 역시 사실 인간의 문제해결 과정을 그대로 따라 할 수 있도록 만드는 데 목표가 있다.

문제해결 과정을 잘 수행하기 위해서는 다음이 필수적이다.

첫째로 문제해결 과정에 대한 이해가 있어야 한다. 쉬운 예시를 들어보겠다. 외부 협력사에서 회사를 방문하기로 했다. 회의실을 하나 잡고 미팅을 준비해야 하는데, 해당 시간에 모든 회의실의 예약이 꽉 찬 것을 뒤늦게 알게 되었다. 문제가 발생한 것이다. 대부분의 사람들은 기존에 예약된 회의실 중 취소 가능한 건을 찾아 양해를 구하거나 가까운 외부 장소를 찾아보는 등의 대안을 마련할 것이다. 그리고 그중 가장 나은 대안을 확인해볼 것이다. 해당 대안이 여의치 않으면 다른 대안을 시도해보기도 할 것이다. 결국 작은 차이는 있지만 본질적으로 앞에서 간략히 요약한 문제해결 과정 1~4번을 그대로 수행하게 된다. 문제해결력을 키우기 위해서는 일단 문제해결 과정에 이러한 합리적 순서가 있음을 이해해야 한다.

둘째로 문제해결 전체 과정 중 본인이 어디쯤에 있는지를 알아야 한다. 앞선 예시로 돌아가서, 만일 나와 친한 옆 부서 김 과장이 그 시간에 회의실을 하나 확보해두고 있다는 사실을 알게 되었다고 해보자. 김 과장에게 혹시 회의실을 양보할 수 있는지 전화를 걸어보려고 한다. 사실 이 단계는 '회의실을 현 상황에서 어떻게 확보할 것인가?'라는 핵심 질문에 대해 여러 대안을 통해 답변하는 단계임을 인지해야 한다. 김 과장의 전화번호를 누를 때는 '예약된 다른 회의 주선자에게 양해를 구해본다.' 이외에도, '외부 가용 회의실을 찾는다.' '협력사에 양해를 구해 회의 시간을 조금 늦춘다.' 등의 가설적 대안을 인지하고 있어야 정상이기 때문이다. 본인이 문제해결 과정 중 어느 단계에 있다는 인지가 있다면, 그 전 단계에서 검토했어야 하는 사항에 대한 감을 가질 수 있다. 즉 완결성이 좋아진다.

셋째로 문제해결 과정 중 본인이 취약한 부분을 보완할 방법을 주어진 자원 내에서 찾을 수 있어야 한다. 위 예시에서 나는 김 과장과 그렇게 허물없는 사이는 아닌데, 나와 같은 팀에 있는 황 대리는 김 과장과 호형호제하는 가까운 사이라고 가정하자. 그럼 당연히 내가 직접 김 과장에게 연락하는 것보다는 황 대리를 통해 연락하는 것이 문제해결에 더 도움이 될 수 있다.

시중에는 문제해결과 관련된 서적과 자료가 많이 나와 있다. 필자가 기업체의 요청으로 문제해결과 관련된 워크숍이나 강의를 진행해봐도, 웬만한 국내 기업체 재직자의 절반 이상은 한 번쯤 문제해결의 개념이나 이론적 부분을 접해본 경험이 있었다. 그러나 이론적 개념을 알아도 실행이 잘 안 된다고 한다. 막상 해보려고 하면 쉽지 않은 것이다.

그 대부분의 이유는 다음의 세 가지로 정리된다.

첫째, 문제해결 방법론을 제대로 모르는 경우다. 필자의 경험에 비추어봤을 때 문제해결의 개념을 이해하고 있는 대기업 과·차장급이라도 10명 중 8명 정도는, 각 단계별 중점 사항까지 알고 있지 못했다. 그러다 보니 본인이 문제해결 과정의 중요한 부분을 생략하고 있음에도 이를 모르는 경우가 많았다.

둘째, 우선순위에 대한 생각이 다르다. 즉 '내가 이런 하찮은 문제를 해결하는 데 문제해결 과정까지 고민하면서 해야 해?' 하는 마음이다. 문제 사안 자체가 중하지 않으면 그만큼의 노력을 기울일 필요가 없다고 생각하는 것이다. 그러나 가벼운 문제라고 해서 논리적 문제해결 과정을 생략할 수 있는 것은 아니다. 반대로 쉬운 문제부터 문제해결 과정을 적용하는 방법을 연습한다고 생각하면 문제해결력 강화에 도움이 될 수 있다.

셋째, 익숙하거나 잘 안다고 생각하기 때문에 성급한 솔루션을 낸다. 이 문제만큼은 본인이 전문가라고 생각하는 경우다. 한 산업이나 업무 영역에 오래 종사한 '잔뼈 굵은' 중간 관리자급에서 많이 보이는 유형이다. 왜 그런 솔루션을 도출했는지 물으면 설명은 잘 안 되는데, 경험상 무조건 맞다고 주장하는 사람이 많았다. 이럴 때 문제해결 과정에 입각해 '이런 부분도 혹시 생각해보셨어요?'라고 질문을 몇 번 던지면 논리가 금방 무너지는 경우가 종종 관찰되었다. 아마 회사에 다니는 직장인이라면 임원 보고 자리 등에서 유사한 사례를 종종 목격한 적이 있을 것이다. "이런 것은 검토해보았나?"라는 임원의 날카로운 질문에 당황으로 답변을 대신한 동료의 모습에 안타까웠던 경험이 대부분 있다.

이런 현상은 왜 발생하는 것일까? 문제해결 관점에서 볼 때, 각각의 유형은 다음의 근본적 원인을 갖고 있다.

1. 자신이 모른다는 것을 인지하지 못한다.
2. 다른 사람은 나와 우선순위가 다르다는 것을 인지하지 못한다.
3. 본인의 경험에 의한 답이 틀릴 수 있다는 것을 인지하지 못한다.

문제해결은 위의 각 원인을 인지하는 것에서부터 시작해야 한다. 본인의 문제해결 과정에서 개선이 필요한 부분을 인지할 수 있는 힘은 개인과 조직의 문제해결력을 기르는 데 큰 차이를 만들어낸다. 이렇게 본인의 사고 흐름과 개선이 필요한 부분을 인지할 수 있는 힘을 '메타인지(Metacognition)'라고 부른다.

메타인지가 문제해결력을 키운다

사실 메타인지라는 것은 동서고금을 막론하고 학식 높은 위인들에 의해 수천 년 전부터 강조되었던 개념이다. 그러나 정식 용어는 미국 스탠퍼드대학교 심리학과 명예교수인 존 플라벨(John H. Flavell) 박사가 처음으로 메타인지 개념을 이론화하면서 사용했다. 메타인지와 관련해 1979년에 발표된 그의 논문에서는, 나이가 어린 학생 집단과 상대적으로 나이가 많은 학생들을 비교 집단으로 삼아 실험을 진행했다. 두 집단에 각각 학습을 하도록 지시한 후, 스스로 생각하기에 학습이 완료되었다고 생각하면 선생님에게 학습 내용을 확인받는 형식의 실험이었다. 해당 실험에서는 나이가 어린 학생 집단이 학습이 충분히 완료되지 않았음에도 본인의 학습이 끝났다고 착각하는 비율이 절대적으로 높았다. 플라벨 박사는 이 결과를 통해 메타인지가 성장 과정을 따라 성숙한다는 가설을 수립하기도 했다.

수능 상위 0.1% 학생들과 일반 학생들을 구분해 단기기억테스트를 진행한 사례는 국내에서 상당히 유명하다. EBS에서 학습법에 대해 다룬 다큐멘터리를 방영해 큰 반향을 일으켰기 때문

✿ 메타인지를 활용한 학습 전략에 따른 문제해결력의 차이

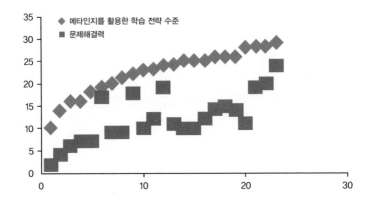

학생 104명의 물리학 문제해결력과 메타인지의 상관관계를 연구한 논문에서도 문제해결력이 높은 학생들은 메타인지가 높은 학생들이었다. 즉 문제해결에 대한 목표와 그 과정을 인지하고 있는 학생들의 문제해결력이 우수했다. (r=0.78)

출처: "Does the Use of Metacognitive Strategies Influence Students' Problem Solving Skills in Physics?", Shareeja, Ali. M. C., & Gafoor, Abdul. K., 〈IOSR Journal Of Humanities And Social Science〉, 2014.11.

이다. 해당 내용을 간략히 요약하자면, 두 그룹에게 단어를 외우게 했는데, 해당 실험에서 상위 0.1% 학생집단과 일반 학생집단의 단기기억력은 유의미한 차이가 없었다. 다만 본인이 암기한 답이 맞았는지 틀렸는지를 아는 인지 능력은 큰 차이가 났다. 상위 0.1% 학생들은 1명을 제외하고 모두 본인이 무엇을 맞혔고 무엇을 틀렸는지 정확히 알고 있었다. 자신이 무엇을 알고 모르는지 인지하고 있었던 것이다. 해당 프로그램에서는 이것을 메타인지의 대표적 사례라고 설명했다.

이러한 이론과 실험들로 메타인지는 수험 및 학습 분야에서 상당히 알려진 개념이 되었다. 『메타인지 학습법』(리사 손 지음, 21세기북스, 2019)과 『완벽한 공부법』(고영성·신영준 지음, 로크미디어, 2017) 등 학습에서의 메타인지를 소개한 책을 보면 추가적 시사점이 있다. 상위권 학생들은 메타인지가 뛰어나기 때문에 본인이 취약한 부분을 잘 인지하고 있고, 이를 보완하기 위한 전략적 목적으로 사교육을 받는다는 것이다. 반면 대부분의 중하위권 학생들은 막연한 불안감 해소나 의지를 높이려는 목적으로 학원을 가는 식이다. 메타인지가 높으면 '도구'의 활용에도 유리하다는 이야기다. 즉 AI 같은 도구도 어디에 활용할지 판단하는 데 훨씬 유리하다고 볼 수 있다.

나아가 메타인지라는 개념을 학습이 아닌 업무 영역에도 적용할 수 있을까? 기업체 고객들의 메타인지를 돕는 일을 장기간 해온 필자는 오히려 학습의 영역보다 더 광범위하게 메타인지가 적용되는 곳이 기업 업무 현장이라고 답한다. 특히 앞서 논한 바와 같이 문제해결을 중점적으로 진행하는 업무에서 메타인지는 대단히 중요할 수밖에 없다. 문제해결력을 키우는 거의 유일한 방법이기 때문이다.

필자가 근무하던 글로벌 경영 컨설팅 업체에서는 1년에 두 차례 구성원의 문제해결력을 평가한다. 이 중 문제해결력이 특히 중요한 기업전략 컨설턴트 54명 중 상위 약 15%에 해당하는 평가를 받은 8명이 있었다. 이들이 스스로 인지하는 자신의 개선점을 자가평가지에 기술한 내용은 평가자가 생각하는 평가 의견과 정확히 일치했다. 심지어 중간평가에서 개선 사항으로 지적받은 내용의 실제 개선 정도를 본인이 스스로 인지해 기술한 경우도 있었다. 본인의 문제해결력 개선을 위해 어떤 노력을 했고 그 결과가 어떨지를 연말 평가에 상세히 기록한 것이다. 반면 업무 역량에 문제점이 지적되어 인사 조치까지 고려해야 하는 하위 성과자에게서는 반대의 결과가 관찰되었다. 이들은 평가자들이 생각하는 개선 사항을 상세히 전달하고 코칭해도 본인의 개선점을 스스로 납득하지 못하는 경우가 많았다.

문제해결 전문가 집단이라고 볼 수 있는 경영 컨설턴트들의 문제해결력 강화와 관련된 조언들은 이러한 평가 과정에서 상세히 확인이 가능한데, 대부분 다음 세 가지 처방으로 수렴되었다.

1. 문제해결 과정을 다시 한번 상세히 인지시킨다(예: 특별 교육 및 실습을 진행한다).
2. 주변 이해관계자들의 우선순위를 지속적으로 인지시킨다 (예: 상사가 중점을 둬야 하는 업무를 명확히 알려준다).
3. 본인의 답이 틀렸을 가능성을 끊임없이 인지할 수 있는 체계를 만들어준다(예: 본인의 솔루션을 의무적으로 동료들과 논의한 후에 정식 업무를 진행하도록 한다).

사실 컨설팅 회사뿐만 아니라 거의 모든 기업체는 핵심 직원들의 문제해결력을 육성·강화하는 데 관심이 많다. 실제로 많은 예산을 들여 해당 내용을 교육하는 기업 사례도 종종 목격했다.

AI 시대에는 AI를 기업 활동 어디에 어떻게 적용해야 하는가에 대한 핵심 질문에 답해야 하는 문제해결 과정이 필수다. 필자가 경험한 거의 모든 기업들이 중시하는 핵심 질문이기도 하다. 이에 대한 문제해결은 결국 직원들의 역할이므로, 이들의 문제해결력을 강화하는 노력은 어찌 보면 피할 수 없는 부분일 것이다.

메타인지는 AI 시대를
앞서가는 방법이다

메타인지로 나의 부족함을 안다

나의 인지에 대한 인지에 관여하는 메타인지의 속성을 '메타인지적 지식(Metacognitive Knowledge)' 또는 '메타인지적 인식 (Metacognitive Awareness)'이라고 한다. 이 책에서는 '메타인지적 인식'이라는 용어로 통일하도록 하겠다. 지식이라는 단어보다는 인식이라는 단어가 메타인지의 특성을 더 정확히 묘사하고 있다는 필자의 믿음 때문이다. 명칭을 무엇이라 붙이건, 메타인지의 한 구성 요소인 메타인지적 인식이라는 개념은 많은 학자들이 연구했던 속성이다. 그에 따라 개념에 대한 설명도 다양하다. 그중 업무 현장에서 의미가 있는 내용을 쉽게 설명하면 다음의 세 가지 하위 개념이 메타인지적 인식을 핵심적으로 설명한다.

1. 내가 알고 모름을 아는 것(노왓, Know-what)
2. 업무의 목적(노와이, Know-why), 절차 및 흐름을 이해하는 것(노하우, Know-how)
3. 상황과 맥락에 대한 파악(노웬/노웨어, Know-when/Know-where)

이 중 노하우(Know-how)는 많이 들어봤을 것이다. 직장 생활을 해본 사람들은 특정 업무 주제가 주어졌을 때 이는 이렇게 저렇게 진행되고, 그다음에 담당자 누구를 통해 처리된다는 식의 절차와 흐름이 머릿속에 직관적으로 떠오를 때가 있을 것이다. 이런 경우를 우리는 흔히 해당 주제에 대해 노하우가 있다고 이야기한다. 아마 메타인지의 세부 구성 요소 중에서 가장 대중적으로 알려진 개념이 바로 이 노하우일 것이다. 반면에 노왓이나 노웬 또는 노웨어라는 말은 그렇게 많이 쓰이지 않는다.

그러나 노하우라는 개념에 빗대어 생각해보면 노왓 등의 개념도 상식선에서 이해하기 쉽다. 먼저 노왓(Know-what)은 내가 아는 것과 모르는 것을 구분하는 것이다. 예를 들어 차년도 사업 계획 작성이라는 업무를 처음으로 맡았다고 가정하자. 이때 계획서에 포함하기로 결정한 항목 또는 꼭 포함해야 하는 주요 항목들 중 '내가 아는 항목과 모르는 항목(또는 잘 알지 못하는 항목)'에 대한 구분은 업무 담당자로서 판단이 용이하다. 이처럼 자신이 아는 것과 모르는 것을 빠르게 판단할 수 있는 인지 기능이 노왓 이다. 그리고 이 개념은 메타인지적 인식의 하위 요소로서 중요 하게 다루어진다. 이 요소가 명확히 작동할 경우 내가 아는 내용 은 내가 잘 진행하면 될 것이고, 내가 모르는 내용은 해당 내용의 전문가나 담당자에게 자료나 도움을 구하는 등의 방법을 찾아야 한다. 누구나 당연하게 받아들이는 이 행위가 실은 인간의 메타 인지에 의한 작용인 것이다.

메타인지에 대해 국내에서 많은 강연을 진행한 아주대학교 김경일 교수도, 자신이 아는 것과 모르는 것을 순간적으로 판단 할 수 있는 것은 인간만이 가진 메타인지의 힘이라고 강조했다. 김경일 교수는 쉬운 예도 들어주었는데, 중국의 수도를 묻는 질 문을 받으면 많은 사람들이 즉각 '베이징'이라고 답변할 수 있다 는 것이다. 반면 파라과이의 수도를 묻는 질문에는 파라과이와 인연이 없는 대부분의 사람들이 '나는 파라과이의 수도를 모른 다'라고 즉각 판단할 수 있다. (궁금한 독자들을 위해 답을 밝히면 파 라과이의 수도는 '아순시온'이라는 도시다.) 김경일 교수는 이러한 메 타인지적 인식이 인간을 AI보다 우월한 존재로 만든다고 이야기 했다. 필자의 시각으로는 메타인지적 인식의 하위 요소인 노왓을 강조한 것으로 해석된다.

김경일 교수의 설명에 따르면, 메타인지의 활용을 근간으로 하는 인간은 본인이 알고 있는 답변을 도출하는 시간과, 본인이 이것을 모른다는 판단을 하는 데 소요되는 시간에 차이가 거의 없다. 반면 AI의 경우 아는 답변은 (즉 학습되어 있는 내용은) 순식간에 제시할 수 있지만, 스스로 답변을 할 수 없는 문제인지를 판단하는 데는 상대적으로 긴 시간이 소요된다고 한다. AI가 보유한 데이터를 모두 검색해봐야 하기 때문이다.

물론 이에 대해 일부 AI 전문가들이 반론을 하기도 한다. AI가 한계를 벗어나는 문제가 있을 경우 짧은 시간 내에 모른다고 판단해 답변할 수 있는 기능을 현재 기술로 충분히 부여할 수 있다는 것이다. 단적인 예시를 소개하겠다. 2018년 1월 핸슨 로보틱스에서 개발한 AI 로봇 소피아의 시연회를 한국에서 개최했다. 이때 소피아는 "불이 난 곳에 노인과 아이가 있다면 누구를 먼저 구할 것인가?"라는 질문을 받았다. 이에 대해 소피아는 "나는 아직 윤리적 결정을 내릴 수 있는 수준이 아닙니다."라고 즉각 답변했다. 본인이 모르는 것을 모른다고 빠르게 판단한 것이다. 또한 "논리적으로는 출구에서 가까운 사람을 먼저 구하겠습니다."라고 덧붙였다. 물론 사전에 학습된 내용이지만, 특정 범위를 벗어난 내용은 모른다는 즉시적 판단을 프로그래밍할 수 있다는 예시다.

그렇다면 노왓은 AI도 흉내 낼 수 있다는 말인가? 이 책은 메타인지가 AI 시대에 인간에게 가장 중요한 역량이라고 주장하고 있는데, 메타인지의 주요 요소 중 하나인 노왓조차 AI가 흉내 낼 수 있다면 대체 메타인지는 왜 중요한 것인가?

메타인지로 평가하고 개선한다

내가 아는 것과 모르는 것을 직관적으로 판단하는 노왓은 많은 경우 메타인지의 전체 메커니즘을 작동시키는 촉발 요소(Trigger) 역할을 한다. 스스로 아는 것과 모르는 것을 판단할 수 있다면, 이를 통해 파악한 모르는 점을 스스로 개선하는 데 활용할 수 있어야 한다. 대부분의 사람들은 자신의 부족한 점은 알지만, 이를 개선하기 위한 실천이 어렵다고 한다. 그런데 딱 거기까지다. 메타인지적 관점에서 이는 정확히 아는 것이라 볼 수 없다. 실천에 방해가 되는 원인까지 생각할 수 있어야 한다. 실천의 방해 요소가 밝혀지면 이를 개선해 실제 실천까지 할 수 있어야 한다. 메타인지의 메커니즘을 통해 부족한 부분을 끊임없이 개선해온 것이 인간의 오래된 생존 비결이기도 하다.

실제로 인간은 본인이 모르는 부분에 대한 판단이 서면, 필요한 경우 빠르게 이를 습득하거나 전문가 등을 통해 외부에서 해당 지식을 구하고자 한다. 한편 앞서 소개한 AI 로봇 소피아의 사례는 인간의 노왓 프로세스를 AI로 재현한 사례일 수는 있으나, 이를 통해 AI가 모르는 것을 효과적으로 습득하거나, 외부에서 효율적으로 구해오기 위함은 아니다. 기술적 시각에서 볼 때, AI 알고리즘이 모르는 부분을 확인하면 이를 추가 학습하도록 설계할 수는 있지만, 이는 아직까지 별개로 구동되는 문제로 봐야 한다.

앞서 소피아 사례의 "불이 난 곳에 노인과 아이가 있다면 누구를 먼저 구할 것인가?"라는 질문을 계속해서 예시로 활용해보자. 소피아는 이 질문에 대해 본인은 이런 문제에 대한 답변을 할 정도의 수준에는 이르지 못했다고 했다. 그렇다고 해서 소피아가 인터뷰를 마치고 돌아가는 차 안에서 '노인과 아이' 딜레마에 대해 다시 한번 곱씹어보고 본인의 관점을 세우고자 노력하는 모습은 상상하기 극히 어렵다. 그러나 대부분의 인간은 '아까 많은 기자들 앞에서 대답을 회피하기보다는, 이렇게 대답했으면 좋지 않았을까.'라는 식으로 상황을 복기해보고, 자신의 부족함을 부끄러워하기도 한다. 나아가 '추후 비슷한 상황이 생기면 이렇게 대처해야지.' 하고 생각할 것이다.

이러한 인지 활동의 바탕에는 노웬(Know-when)과 노웨어(Know-where)의 작동이 동시에 이루어진다. 여러 참관객과 기자 들이 둘러싼 상황에서 적시에 적절한 답변을 했으면 더 좋았을 것이라는 인간의 판단이 바로 노웬과 노웨어에 기반한 인지 판단이다. 즉 노왓에서 촉발된 '내가 부족했다'는 문제의식은 노웬 및 노웨어를 거쳐, '나의 답변이 때와 장소에 적합하지 않았다'고 강화된다. 문제의식이 증폭되는 과정이다. 이를 통해 개선점을 찾는 종합적 인지 과정으로 넘어가게 된다.

개선점을 찾는 인지 과정은 메타인지의 또 다른 주요 요소인 '메타인지적 컨트롤(Metacognitive Control)'과 밀접한 관련이 있다. 메타인지적 컨트롤은 무언가를 사전에 계획(Planning)

⚙ 메타인지 구성 요소와 소피아 사례에 대한 적용 예시

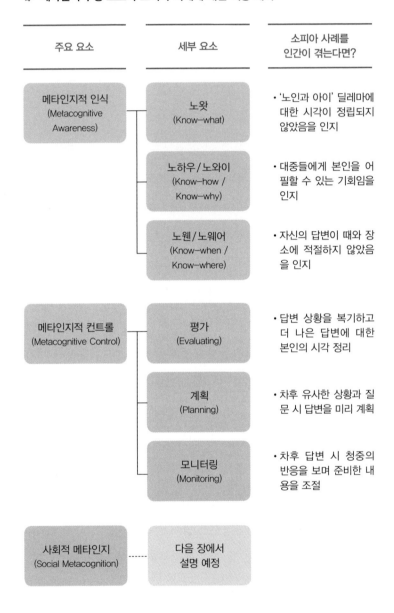

주요 요소	세부 요소	소피아 사례를 인간이 겪는다면?
메타인지적 인식 (Metacognitive Awareness)	노왓 (Know-what)	• '노인과 아이' 딜레마에 대한 시각이 정립되지 않았음을 인지
	노하우 / 노와이 (Know-how / Know-why)	• 대중들에게 본인을 어필할 수 있는 기회임을 인지
	노웬 / 노웨어 (Know-when / Know-where)	• 자신의 답변이 때와 장소에 적절하지 않았음을 인지
메타인지적 컨트롤 (Metacognitive Control)	평가 (Evaluating)	• 답변 상황을 복기하고 더 나은 답변에 대한 본인의 시각 정리
	계획 (Planning)	• 차후 유사한 상황과 질문 시 답변을 미리 계획
	모니터링 (Monitoring)	• 차후 답변 시 청중의 반응을 보며 준비한 내용을 조절
사회적 메타인지 (Social Metacognition)	다음 장에서 설명 예정	

하고, 수행하면서 이것이 제대로 진행되고 있는지 모니터링 (Monitoring)을 하는 인지 활동으로 구성된다. 또한 사후에 해당 과정을 복기하고 다음번에 유사한 과정을 거쳤을 때, 보다 나은 방법과 결과를 만들 수 있게 해준다. 이를 쉽게 평가(Evaluating) 과정이라고 한다.

소피아 사례로 치자면, 인터뷰 상황을 복기하고 향후 유사한 상황에 보다 나은 답변을 준비하는 과정이 평가에 해당한다. 평가 내용을 바탕으로 유사한 상황이 생기면 이렇게 답변하겠다고 다짐하는 것이 계획이며, 실제로 유사한 상황을 맞아 답변하는 동안에 청중의 반응에 따라 내용을 조절하는 것이 모니터링이다.

메타인지의 세부 요소들에 의한 이 메커니즘이 AI 로봇 소피아에게도 제대로 작동한다면, 소피아는 분명 다음 시연회에서 모두를 깜짝 놀라게 할 답변을 할 수 있을 것이다. 이것이 늘 앞서 가게 만들어주는 메타인지의 힘이다.

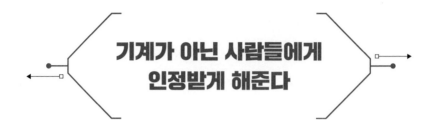

기계가 아닌 사람들에게
인정받게 해준다

AI 시대에도 업무 평가는 사람이 한다

AI 시대를 체감할 수 있는 상용화 서비스 중 하나가 AI 면접이다. 채용 시즌마다 각 회사의 인재상에 적합한 지원자를 뽑기 위해 수많은 면접을 진행하는 것은 사실 상당히 힘든 업무다. 필자도 컨설팅 회사에서 장기간 근무하며 면접관으로서 수많은 면접을 경험해보았다. 컨설팅 회사의 면접은 보통 1명씩 1시간 정도 진행하는데, 하루에 5명을 보면 거의 녹초가 된다. 이렇게 선발한 사람들이 100% 회사의 특급 인재가 되는 것은 또 아니다. 일반적으로 인재라고 믿고 싶은 10명의 지원자를 선발했을 때 이 중

1명이 실제 인재가 되면 성공이라고 본다.

이러한 채용 과정에 참여한 직원 중 메타인지가 조금이라도 작동하는 직원이라면, '더 나은 채용 방법은 없을까?' '뭐가 문제였기에 10명 중 1명밖에 성공하지 못했을까?'라는 인지를 가동하는 경우가 많다. 실제로 한 직원의 건의를 통해 컨설팅 회사에서는 채용 절차를 개선하기로 했다. 우선적으로 가졌던 문제의식 중 하나는 서류 전형에서 탈락하는 우수 인재가 의외로 많다는 것이었다.

컨설팅 업무는 그 특성상 서류에 적힌 스펙보다 실제 대면 상황에서의 문제해결이 중요하다. 그런데 이른바 스펙 중심의 서류 전형을 통과한 지원자들 중에 대면 문제해결 능력이 서류 전형 탈락자들보다도 못한 경우가 있었다. 이에 따라 서류 전형의 통과 기준을 이리저리 바꾸어봐도 다소 기계적인 서류 전형의 기준을 통과하지 못하는 '숨은 고수'들은 늘 존재할 수밖에 없다. 결국 서류 전형에서 '숨은 고수'가 탈락하지 않도록 하는 최선의 방법은 서류 전형에서 최소한의 탈락자를 만들고, 대부분의 지원자에게 면접 기회를 부여하는 것이었다.

여기서 문제는 누가 이 많은 지원자들에 대한 면접을 진행할 수 있느냐는 것이다. 채용이 아무리 백년대계라 한들, 매일같이 바쁘게 진행되어야 하는 본업이 늘 있는 직원들이 종일 면접관 노릇만 할 수는 없다. AI 면접 서비스는 이러한 문제를 해결할 수 있는 대안이 될 수 있었다. 최소한 서류 전형에서는 화려한 스펙

AI 면접 화면 예시

출처: 1000Interview

으로 기대감을 불러일으켰으나, 면접에 초대해보니 틱장애가 심해서 고객 대면 업무를 진행하기는 어렵다든가 하는 경우는 분명 AI 면접에서 걸러질 수 있을 것이다.

실제 2020년 코로나19 사태로 상당수의 대면 면접이 중단되면서, AI 면접 서비스의 호황이 급작스럽게 앞당겨졌다. 2020년 6월 기준 SK, 현대자동차그룹 등을 포함한 대기업 및 KB국민은행 등 금융권, 제약회사, 종합병원, 공공기관 등 190여 기업에서 AI 면접을 도입해 직원을 채용했다. 그리고 향후 어떤 형태로라도 AI를 활용한 지원자 평가는 확대될 것으로 예상한다.

그러나 이렇게 AI 면접으로 직원들을 채용한 이후에는 어떨까? 채용 과정에서의 지원자 잠재력에 대한 평가는 AI가 담당한다고 해도, 이미 기업에 입사한 직원들에 대한 업무 역량 평가는 사람이 계속 진행하게 될까? 이에 대한 필자의 답변은 '무조건 그렇다'다. 이유는 다음과 같다.

첫째, 평가의 많은 영역은 아직 AI를 통한 측량이 어렵기 때문이다. 예를 들어 과정 지표가 중요한 업무도 많이 있는데, 이를 AI가 평가한다는 것은 직원의 모든 업무 행위를 데이터화해 AI가 모니터링해야 한다는 뜻이다. 이렇게 하느니 차라리 그 직원의 역할을 통째로 AI로 대체하는 것이 비용 측면에서 현실적이다.

둘째, 평가 결과에 대한 설명이 힘들다. 낮은 평가에 항의하는 직원이 혹시라도 발생하면 왜 낮은 평가를 받았는지에 대한 이유와 이를 어떻게 개선할 수 있는지를 잘 설명해야 한다. 그러나 AI의 분석 결과는 많은 경우 인간이 그 판단 과정을 역추적해 설명하기가 어렵다. 단순히 AI의 평가 결과가 그렇다고 알려줄 수는 없는 노릇이다.

셋째, 평가는 단순한 직원 서열화가 아닌 인적 관리의 수단이다. 직원들의 성과로 서열을 도출하는 일이라면 AI를 포함해 가능한 대안이 많을 것이다. 그러나 평가라는 것은 평가자가 조직을 원하는 방향으로 끌고 가기 위한 당근이자 채찍의 수단으로 활용하는 경우가 많다.

이와 같은 이유로 AI 시대에도 직원에 대한 평가자는 여전히 인간 상사(Human Boss)일 가능성이 훨씬 높다. 인간 상사들이 우리에게 원했던 것은 전통적으로 일관성이 있었다. '눈치가 빠

르다.' '업무 센스가 있다.' '보고서가 실하다.' '일처리가 빠르다.'
'말귀를 잘 알아듣는다.' 등등의 다양한 표현을 통해 묘사된 능력
이 그것이다. 그 실체는 역시 높은 수준의 메타인지를 다양하게
묘사한 것에 불과하다.

AI 시대에 인정받는 업무 역량이란

차년도 사업계획을 작성하는 업무를 부여받았다고 가정하자. 보
통 과거 사례 등을 참고해 차년도 사업계획에 반드시 포함해야
할 항목을 결정하는 것이 가장 기본적인 업무 활동이다. 이것을
다음 그림에서는 '기본질문'이라고 정의하고 있으며, 메타인지적
관점에서도 이 업무를 위한 인지 활동의 시작으로 볼 수 있다.
　상황에 따라 인지가 발전하는 방향은 다양할 수 있으나, 통상
적으로는 그림의 레벨 1 메타인지가 작동하는 경우가 많다. 즉
누락된 내용은 없는지, 읽는 사람 입장에서 이해가 쉽도록 작성
했는지, 각 항목에 오류는 없는지 스스로 인지해볼 수 있다. 이것
을 기본질문에 대한 상위 인지 활동(메타인지)이라 한다. 사업계
획을 일차적으로 확인하는 부서장이나 담당 임원이 검토하는 내
용도 주로 레벨 1 메타인지의 내용인 경우가 많다. 즉 업무 담당
자 입장에서는 한 단계 위의 메타인지를 통해 상사의 리뷰 포인
트를 미리 예측하고 대비할 수 있다.

⚙ 사업계획 작성 시 메타인지 예시

인지 수준	인지 수준에 따른 예시 질문	답변을 위해 고려할 사항 예시
레벨 X 메타인지	전체적 경영 환경 변화 속에서 이 사업계획은 타당한가?	CEO 시각 중심
......	......	......
레벨 3 메타인지	고려하지 못한 사항을 검토하는 방식은 적절했는가?	타 부서의 입장도 고려 필요
레벨 2 메타인지	레벨 1의 검토 기준은 적절하며, 누락된 내용은 없는가?	과거 사례, 기업 목표, 임원들의 입장
레벨 1 메타인지	누락된 내용은 없는가?	CFO 등 지원 부서 임원의 시각
	읽는 사람 입장에서 잘 이해할 수 있도록 작성했는가?	어려운 표현, 약자 등 수정
	각 항목에 오류는 없는가?	오타 등의 점검
문제해결을 위한 기본질문	차년도 사업계획에는 무엇이 포함되어야 할까?	주요 과제, 예산, 담당자, KPI 등

여기서 한 단계 더 상위의 인지도 가능하다. 레벨 1 수준에서 검토한 내용 자체가 누락된 내용은 없는지 고민해보는 것이다. 예를 들어 나는 레벨 1 메타인지를 나름 열심히 적용해 완성한 내용을 보고했지만, 사업계획을 일차적으로 검토하는 부서장님은 사업계획 내용을 마음에 들어 하지 않았다. 부서장이 말하길, 사업계획 내용은 꼼꼼히 작성되었으나 유사한 사업 아이디어가 몇 년 전 시도되었다가 크게 실패했다고 한다. 이로 인해 몇몇 임원들이 인사 책임을 지는 일까지 있었다는 것이다. 물론 내가 입사하기도 전의 일이기 때문에 나는 이에 대한 인지가 전혀 없었다. 이러한 것들이 레벨 2 메타인지 과정에서 보완할 수 있는 내용의 극단적 예시가 될 수 있다. 다시 말해 '과거에 유사한 시도가 있었는가?'라는 질문을 레벨 1 메타인지상 하나의 질문으로 포함할 수 있었다. 그러지 못했다고 하더라도 레벨 2 메타인지 과정을 거치며 '레벨 1 메타인지 과정에서 꼭 필요한 질문이 누락된 것은 아닐까?' 하는 의문을 스스로 던질 수 있다면 대비가 가능한 내용이다.

인지에 대한 상위 인지를 하는 개념은 한 단계씩 계속 진행하다 보면, 결국 사업계획의 최종 승인자가 바라보는 관점이라는 궁극적 지점에 도달하게 된다. CEO의 시각에서 이 사업계획은 타당한가를 스스로 물으며, 기업의 전반적 상황과 맥락을 고려한 사업계획을 수립하게 되는 수준이다. 이 지점에 이르면 업무 실무상 메타인지로서는 최고 수준에 이르렀다고 할 수 있다.

이러한 인지 과정은 메타인지의 주요 요소인 메타인지적 인식을 통해 진행된다. 통상적으로 메타인지적 인식의 세부 요소인 노하우와 노와이가 우선적으로 메타인지 메커니즘을 가동시키는 경우가 많다. 즉 작성한 사업계획이 누구에게 어떤 절차를 통해 보고될 것이며(노하우, Know-how), 최종 의사결정권자 입장에서 이 사업계획이 필요한 이유는 무엇인가(노와이, Know-why)에 대해 생각해보는 것이 그 실체다.

이때 동시에 가동되는 메타인지의 또 다른 주요 요소가 있는데, 이를 '사회적 메타인지(Social Metacognition)'라고 한다. 사회적 메타인지는 상대의 의도와 인지 체계, 그리고 반응을 예측할 수 있는 인지 능력을 의미한다. 위의 사업계획 업무 사례로 치자면, 궁극적으로 CEO가 사업계획에 관심을 갖는 의도가 무엇일지 생각해보는 것이다. 또한 CEO가 사업계획을 바라보는 인지 흐름이나 체계를 이해하고자 노력하는 것을 의미하며, 마지막으로 CEO가 보일 반응을 예측해보는 것이 사회적 메타인지의 영역이다.

만일 위에서 말한 대로 사회적 메타인지의 세 가지 세부 요소가 완벽히 작동하는 사람이 있다면, 그 사람은 분명 CEO 본인이거나 곧 CEO가 될 사람일 것이다. 그만큼 사회적 메타인지는 수행이 쉽지 않은 영역이다. 그래서 사회적 메타인지 분야에서 일정 수준의 성과를 거두는 사람은 업무 역량을 크게 인정받기도 한다.

✿ 메타인지의 주요 요소 및 세부 요소

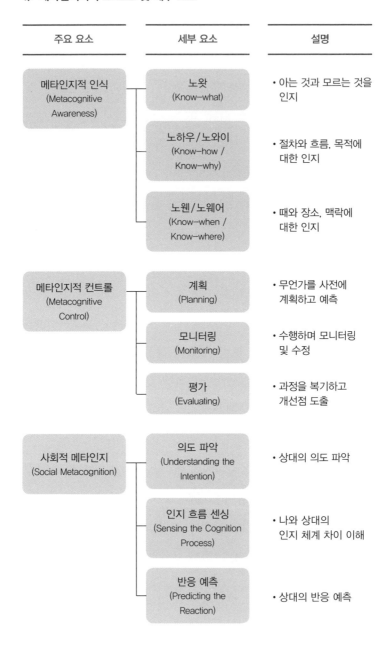

주요 요소	세부 요소	설명
메타인지적 인식 (Metacognitive Awareness)	노왓 (Know-what)	• 아는 것과 모르는 것을 인지
	노하우 / 노와이 (Know-how / Know-why)	• 절차와 흐름, 목적에 대한 인지
	노웬 / 노웨어 (Know-when / Know-where)	• 때와 장소, 맥락에 대한 인지
메타인지적 컨트롤 (Metacognitive Control)	계획 (Planning)	• 무언가를 사전에 계획하고 예측
	모니터링 (Monitoring)	• 수행하며 모니터링 및 수정
	평가 (Evaluating)	• 과정을 복기하고 개선점 도출
사회적 메타인지 (Social Metacognition)	의도 파악 (Understanding the Intention)	• 상대의 의도 파악
	인지 흐름 센싱 (Sensing the Cognition Process)	• 나와 상대의 인지 체계 차이 이해
	반응 예측 (Predicting the Reaction)	• 상대의 반응 예측

실무를 하는 많은 독자들도 일을 잘하려면 상사의 관점에서 바라보고, 업무의 맥락을 파악하라는 이야기를 꽤 들어봤을 것이다. 실제 업무 현장에서는 업무가 지시된 목적과 배경을 이해하는 것이 유능함의 요소 중 하나로 꼽혀왔던 것도 사실이다. 이는 업무를 통해 주어진 문제를 해결할 때 그 문제를 둘러싼 상위의 문제까지 인지하라는 뜻이기도 하다. 메타인지를 의미하는 것이다.

메타인지는 종합적으로 볼 때 아직까지 인간만이 가능한 사고이며, 인간만이 인정해줄 수 있는 영역으로 남아 있다. AI는 아직 인간의 이러한 역량을 따라 하지 못한다. 인간이 던진 과업에 "제가 왜 이걸 해야 하나요?"를 질문하는 AI가 있다는 소식은 아직 듣지 못했기 때문이다.

실제 업무 지시가 있을 때 인간만이 그 숨겨진 배경을 묻는다. "김 과장, 내일까지 5개년 매출 데이터를 보고해주세요."라는 지시에 인간은 "네, 부장님. 잘 알겠습니다. 그런데 혹시 보고서 용도를 좀 여쭤봐도 될까요? 제가 좀 더 세밀히 분석해야 할 부분이 있나 싶어서요."라고 묻는다. 그리고 이렇게 시작되는 메타인지 과정은 대부분 업무 역량에 대한 인정으로 연결된다.

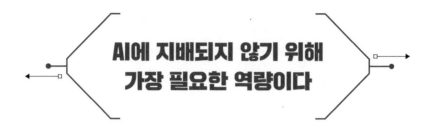

AI 시대에 인간의 역할은 변화한다

AI 시대에 대한 언론 기사 중에 압도적 빈도를 자랑했던 것이 직업에 대한 전망이다. AI로 인해 어떤 직업은 완전히 자동화되어 없어질 것이며, 그나마 어떤 직업은 AI가 대체하지 못할 것이라는 전망 보도가 대표적이다. 이러한 각종 미디어들의 AI 시대 직업에 대한 예측은 코더 및 개발자를 제외한 거의 모든 전통적 직업이 없어질 것이라 주장하기에 이르렀다. 그러나 과연 그렇게 될까? 우려와 같이 상당수의 인간은 백수 신세가 되는 것일까?

전투용 무인항공기가 나오면서 전투기 조종사들의 일자리에 어떤 변화가 있었는지는 이러한 우리의 물음에 대한 좋은 대답이 된다. 많은 사람들이 뉴스 등 매체를 통해 접했다시피, 미 공군의 무인기 조종사들은 여전히 워싱턴DC의 펜타곤에 앉아 드론을 조종해 적대국의 주요 인사를 제거하는 임무를 수행 중이다. 같은 시각으로 보았을 때 AI로 자율주행이 이루어지는 무인자동차가 상용화되면 트럭 운전사들은 실직하게 되는 것일까? 그렇지 않다. 원격으로 트럭 운전을 모니터링하고 문제를 해결해줄 사람이 여전히 필요하다.

사실 무인항공기의 출현으로 미 공군의 전투기 조종사들은 피격의 위험 없이 임무 수행이 가능해졌다. 아마 멋진 거수경례와 함께 탁 트인 하늘을 날아오르는 낭만은 없어졌을 것이다. 그러나 지구 반대편에 위치한 적대국 요인을 제거하는 임무 수행 후에도 통근버스를 타고 안전하게 퇴근해 사랑하는 가족들과 저녁 식사를 할 수 있을 것이다.

트럭 운전사들도 마찬가지다. 캘리포니아 집에서 반려견의 간식을 챙겨주면서도 플로리다에 컨테이너 배달이 가능하다. 트럭 운전사들의 애로 사항 중 하나였던 화장실 문제도 말끔히 해결된다. 1만 마일 떨어진 도로를 달리다가도 세상에서 가장 편한 자기 집 화장실을 자유롭게 이용할 수 있기 때문이다.

AI 시대의 이러한 변화를 필자는 '인간 역할의 기능적 변혁(Functional Transformation of Human)'이라 부른다. 실제 조종석에 직접 앉아 전투기 조종이나 트럭 운전을 하던 '실 수행

도로 위의 자율주행차를 뒷자석에서 본 모습

(Doing)'의 비중은 인간의 역할에서 급격히 줄어들게 된다. 반면 과거 비중이 높지 않던 '모니터링'과 '문제해결' 영역의 비중은 절대적으로 늘어날 수밖에 없다. 트럭 운전을 사례로 들어보면, 트럭이 잘 운행되고 있는지 원격으로 모니터링을 하고 복잡한 고속도로의 진입 등 아직까지 자율주행이 완벽하게 다루지 못하는 문제를 해결해주는 것이 인간의 새로운 역할인 것이다.

그 밖에도 이러한 AI 자율주행 시스템을 디자인(Designing) 및 개발(Developing)하는 영역에 인간의 역량이 다량 투입된다. 또한 개발 단계 이후에는 테스트(Testing)와 모니터링에 인간의 역량이 집중된다. AI 시대 이전에는 전체 인간 공동체의 역할이 실 수행에 집중되어 있었다면, 지금 AI 시대에 인간의 역할은 디자인, 개발, 테스트, 모니터링이다. 이것이 인간 역할의 기능적 변혁의 실체이며, 직업이 사라지는지 여부를 논하기 전에 먼저 고민해봐야 할 문제다.

AI 시대에는 실 수행에 포커스가 있던 대부분의 직업들이 인간 역할의 기능적 변혁을 거치며, 요구되는 역량이 상당히 달라질 가능성이 높다. 트럭 운전사의 경우 운전 능력 이외에도 체력, 집중력, 장거리 출장 생활화에 대한 의지 및 수용성 등이 요구되었다면, 인간 역할의 기능적 변혁 이후에는 판단력에 기반한 문제해결력과 더불어 인터페이스 조작 능력, 멀티태스킹 능력이라는 완전히 새로운 차원의 역량이 요구될 수 있다. 또한 기존에는 운전만 하던 트럭 운전사가 트럭 운전 경력을 살려 원격조종 시스템에 대한 디자인 또는 개발 및 테스트의 영역으로 진출할 수도 있다.

인간 역할의 기능적 변혁 이후에는 무엇이 필요할까?

AI는 넓은 범주에서 보면 '인간과 같은 기능을 갖는 모든 컴퓨터 알고리즘'을 뜻한다. 4차 산업혁명의 주요 기술로 주목받았지만, 사실 AI는 몇십 년 전부터 존재해왔다. 그러다 1996년 그 유명한 컴퓨터 딥블루가 당시 체스 세계 챔피언인 가리 카스파로프와의 대국에서 최초로 1판을 승리하며 세상에 AI를 알리기 시작했다. 덧붙이자면 딥블루는 1996년 6판으로 이루어진 대국에서 1판만 승리한 것이고, 카스파로프와의 전체 대국에서 승리를 거둔 것은 1년 뒤인 1997년 5월로 알려져 있다. 어찌 되었건 이는 20세기에 일어난 일이다.

우리가 살고 있는 21세기의 AI 수준은 어떨까? 알다시피 21세기의 AI 대표로는 바둑기사 이세돌을 꺾어 유명해진 '알파고'가 있다. 또한 이 알파고쯤은 쉽게 꺾어버린 '알파고제로' 같은 상위 버전이 금세 등장했다. 이러한 AI의 급격한 발전이 바둑에만 국한된 것은 물론 아니다. 기본적으로 '이런 것을 AI가 해주면 좋겠다.'라고 한 번 정도 생각할 만한 대부분의 알고리즘이 이미 존재한다. 요즘 AI는 순간적 안면 인식으로 항공기 탑승 시의 보안 검사를 효율화하거나, 길고 긴 회의를 자동으로 받아 적어 회의록을 만들어준다. 의약품 후보 물질의 분자 구조를 시뮬레이션해 독성이 없는지 미리 알려주고, 사람과 대화를 해주며, 주가를 예측해주기도 한다. 이미 모두 상용화되어 있는 서비스들이다.

이러한 상업용 서비스들이 이미 존재한다는 설명을 하고 싶은 것은 아니다. 누구라도 이런 것들을 구현하고자 할 때 이를 손쉽게 가능하게 해주는 AI 모듈이 이미 넘쳐난다는 사실을 전하고 싶다. 이러한 AI 모듈의 활용은 코딩을 할 줄 아는 개발자에게만 해당하는 이야기가 아닐까 짐작하는 사람이 있다면, 아니라고 단언할 수 있다. 난이도는 마이크로소프트의 엑셀 스프레드시트나 파워포인트 수준이라고 생각하면 된다.

이처럼 인간의 여러 인지 기능을 흉내 내어 사용하기 편리하게 미리 만들어놓은 AI 알고리즘들을 사전 개발 모델(Pre-built

Model)이라고 부른다. 그동안 AI에 천문학적 금액을 투자해온 구글이나 마이크로소프트 같은 회사들이 이미 상당수의 사전 개발 모델을 갖추고 이를 개방형 플랫폼을 통해 운영하고 있다. 만일 사전 개발 모델을 응용해 AI 기반 소프트웨어를 개발하고 싶다면, 보유한 데이터를 구글이나 마이크로소프트가 운영하는 클라우드 플랫폼에 업로드하고 알고리즘을 학습시키면 된다. 복잡한 코딩 과정이 없어도 가능할 정도다. 난이도가 엑셀이나 파워포인트 수준이라고 이미 언급했는데, 혹자는 엑셀보다 쉽다고 이야기한다. AI 범용화가 이루어지고 있는 것이다.

편의상 마이크로소프트의 애저(Azure)라는 AI 플랫폼을 예로 들어보겠다. 이곳에는 이미 엄청난 양의 사전 개발 모델이 존재한다. 이미지를 인식하거나, 음성을 글로 바꿔주거나, 챗봇을 만드는 등의 기본적 AI 기능은 모두 이미 쉽게 구현이 가능하다. 마이크로소프트에서는 AI 모델을 활용하는 방법으로 다음의 세 가지를 제시한다.

1. 현재 존재하는 다양한 사전 개발 모델 활용
2. 사전 개발 모델을 강화 또는 수정해 활용
3. 새로운 모델 개발

이 중 효율성과 효과성 측면에서 권장되는 것은 당연히 1번과 2번 옵션이다. 3번의 경우 상대적으로 많은 자원 투입이 필요할뿐더러, 일단 새로운 모델을 개발해야 하는 분야가 무엇인지를 찾기도 어렵다. 이미 상당한 영역에서 사전 개발 모델이 존재하기 때문이다. 이러한 사전 개발 모델을 활용하는 방식으로도 수천 가지의 문제해결이 가능한 시대다. AI의 기능적 특성에 대한 고민의 시간을 조금 떼어 AI를 통해 '무엇을' 해결할 것인가에 대해 고민해봐야 하는 이유다.

필자는 컨설팅 회사에 재직하던 시절에 AI 모델을 개발해 상업화하는 경험을 해볼 수 있었다. 당시 활용하기 적합한 사전 개발 모델을 식별하고 데이터를 학습시킬 전문가가 절실히 필요했다. 이에 따라 AI 머신러닝 전문가 채용 작업을 장기간 힘들게 진행한 기억이 있다. 워낙 인력 수요 대비 공급이 희귀한 영역이기 때문이다. 한국 내에서는 도저히 적절한 인력을 찾기 어려웠다. 결국 유럽에서 머신러닝 관련 박사학위를 취득한 외국인 전문가를 채용하게 되었는데, 개인적으로는 희소한 AI 분야 박사급 인력이 먼 한국 땅까지 일을 하러 와준다니 참 고마운 마음이 들었다. 동시에 AI 불모지였던 경영 컨설팅 회사를 택해준 이유에 대해 호기심이 생겼다. 보통은 유명 AI 개발자 등이 롤모델로 있는 회사를 선호하는 것이 일반적이지 않나 하는 생각이 들었기 때문이다. 예를 들면 구글이나 페이스북, 카카오나 네이버 같은 회사가 더 어울릴 것이란 생각이었다.

그러나 이 인력이 유럽에서 건너와 우리의 제안을 받아들인 이유는 간단했다. 경영 컨설팅 회사는 AI 알고리즘을 통해 풀 수 있도록 흥미로운 문제가 깔끔히 정리되어 있다는 것이다. 또한 다양한 산업에서 다양한 고객들이 정리된 문제들을 들고 찾아오는 곳이 경영 컨설팅 회사가 아닌가. 이 인력은 AI의 기능적 개발보다는 AI 모델을 통해 무엇을 해결할 것인가 하는 문제가 더 중요하다는 사실을 이미 알고 있었다. 아직까지도 필자가 함께 일해본 전문가들 중 여러 측면에서 훌륭한 인재였음은 강조할 필요도 없을 듯하다.

이미 범용화가 진행되고 있는 AI 시대에 코딩보다 요긴한 역량은 '어떤 문제를 해결해야 하는 것인가'를 판단하는 능력이며, '그 문제해결에 필요한 요소 중 내가 가진 것은 무엇인가'를 인지할 수 있는 능력이다. 내가 갖고 있지 못한 것이 있다면 외부에서 조달할 수 있는 방법도 인지해야 한다.

그러나 외부 조달을 해야 하는 상황보다는 현재 주어진 수많은 사전 개발 모델을 어떻게 꿰어야 하는지에 대한 고민이 더 많을 것이다. "구슬이 서 말이라도 꿰어야 보배다."라는 속담에서 구슬을 꿴다는 것은 철저히 메타인지에 기반한 행위라는 것을 잊지 말자.

메타인지의 요소 이해하기

AI 프로젝트 멘토링 노트는 실제 AI 관련 프로젝트를 진행하면서 팀원들과 나누었던 대화를 각색한 것이다. 샘(Sam)은 필자가 진행하는 교육에 자주 등장하는 인물이다. 영어권에서 보통 남성 이름으로 많이 쓰는 사무엘(Samuel)을 짧게 부를 때도 샘이라고 하며, 여성 이름으로 많이 쓰이는 사만다(Samantha)도 샘으로 줄여 부른다. 결국 샘은 성별, 나이, 직급, 출신, 국적이 특정되지 않은 가상의 인물이며, 필자와 프로젝트 수행을 함께했던 많은 팀원들을 대변한다.

프로젝트팀에서는 AI 머신러닝을 활용해 진행 가능한 적절한 주제 찾기가 한창이었다. 팀원이었던 샘은 약속도 없이 파트너 집무실을 찾아와 질문을 던졌다. 나는 작성하던 이메일을 잠시

멈추고 샘을 바라보았다.

"파트너님, 어제 말씀해주셨던 메타인지 개념이 알 것 같으면
서도 헷갈리네요. 서로 영향을 주고받으면서 섞여 있는 느낌도
들고요."

나는 미소를 보이며 답했다.

"AI 머신러닝을 어디에 활용하실지 생각하는 데 도움이 되라
고 메타인지 개념을 설명드렸는데, 괜히 그것 때문에 더 헷갈리
신 거 아닌가 모르겠네요."

"아니요. 저에게는 굉장히 흥미롭고 새로운 개념이었어요. 생
각을 발전시키는 데 도움도 많이 되었고요. 그런데 퇴근하면서
그야말로 메타인지를 해보니, 말씀해주신 개념을 내가 정확히 알
고 있는가 하는 생각이 들었어요. 어제도 파트너님께서는 메타인
지적으로 볼 때 내가 제대로 알고 있는지 확인하는 가장 쉬운 방
법은, 내가 그 개념을 설명할 수 있는지를 확인하면 된다고 말씀
하셨잖아요."

"맞습니다. 어쨌든 제가 말씀드린 내용을 계속 복기하시는 모
습이 무척 보기 좋네요. 그것 자체도 메타인지의 중요한 세부 요
소 중 하나지요. 제가 다시 한번 개념을 설명드려볼게요. 먼저 다
음 정리된 표를 보실까요? 바로 메타인지의 세부 요소입니다. 먼
저 메타인지는 그 메커니즘을 아직 인간이 완전히 밝히지 못한

✿ 메타인지의 주요 요소 및 세부 요소

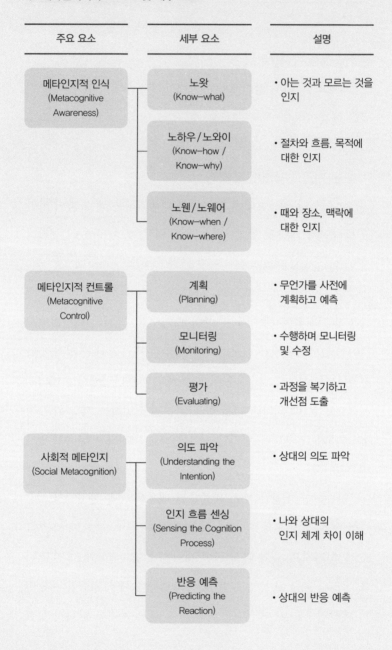

주요 요소	세부 요소	설명
메타인지적 인식 (Metacognitive Awareness)	노왓 (Know–what)	• 아는 것과 모르는 것을 인지
	노하우/노와이 (Know–how / Know–why)	• 절차와 흐름, 목적에 대한 인지
	노웬/노웨어 (Know–when / Know–where)	• 때와 장소, 맥락에 대한 인지
메타인지적 컨트롤 (Metacognitive Control)	계획 (Planning)	• 무언가를 사전에 계획하고 예측
	모니터링 (Monitoring)	• 수행하며 모니터링 및 수정
	평가 (Evaluating)	• 과정을 복기하고 개선점 도출
사회적 메타인지 (Social Metacognition)	의도 파악 (Understanding the Intention)	• 상대의 의도 파악
	인지 흐름 센싱 (Sensing the Cognition Process)	• 나와 상대의 인지 체계 차이 이해
	반응 예측 (Predicting the Reaction)	• 상대의 반응 예측

영역이라는 점을 이해할 필요가 있어요. 사실 그렇기 때문에 AI가 이 메타인지를 완전히 흉내 내도록 만들지 못하는 것이겠지요."

"그러네요. 일단 AI가 메타인지를 할 수 있게 만들려면 인간이 이를 어떻게 하는지 알아야 하니까요."

"정확합니다. 우리가 실체를 모르는데, 이를 AI가 흉내 낼 수 있게 만드는 것은 대단히 어렵지요. 그럼에도 불구하고 그간의 연구 결과들을 모두 모아보면, 메타인지의 실체는 최소한 세 가지 주요 요소와 아홉 가지 세부 요소로 구성되어 있어요. 그리고 제가 설명드린 메타인지의 요소들은 철저히 업무와 관련된 메타인지를 중심으로 정리한 것이라는 점도 먼저 이해해야 합니다."

"네, 수험생들의 학습 등 다른 영역에서는 메타인지의 세부 요소도 약간은 달라질 수 있다고 하셨지요."

"맞아요. 정확합니다. 일단 일반적인 기업체의 업무 측면에서 보았을 때 메타인지의 주요 요소를 봅시다. 첫 번째 주요 요소로 메타인지적 인식이 있죠. 메타인지적 인식은 업무를 딱 접했을 때 나의 인지 상태에 대한 것이라고 생각하면 됩니다.

이것의 세부 요소는 또 세 가지가 있어요. 먼저 내가 아는 것과 모르는 것을 직관적으로 인지할 수 있는가에 대한 요소가 있습니다. 다르게 이야기하면, 내가 할 수 있는 것과 없는 것을 직관적으로 구분할 수 있는가를 묻는 것이기도 합니다.

또한 절차와 흐름에 대한 인지가 있는지, 그리고 절차와 흐름에 따라 업무가 진행되면 어떤 결과가 나오게 되는지를 인식할 수 있는 것도 메타인지적 인식의 세부 요소입니다. 다시 말해 어떤 업무를 수행할 때 그 업무의 목적이 무엇인지 늘 의식하며 진행하는가를 의미합니다.

마지막으로 때와 장소의 적절성 등에 대한 업무의 맥락을 직관적으로 인지할 수 있는지가 있습니다. 여기까지 질문 없으시면 두 번째 주요 요소로 넘어갈까요?"

"네, 여기까지는 이해가 되었어요."

"좋습니다. 세 가지 주요 요소 중 두 번째인 메타인지적 컨트롤은 내 인지 흐름을 통제할 수 있느냐에 대한 부분입니다.

세부 요소는 일단 업무에 소요되는 시간과 자원 등을 직관적으로 판단해 계획을 세울 수 있는 것인지가 있어요.

또한 계획대로 업무가 진행되는지를 끊임없이 모니터링하면서 필요한 경우 즉시 개선해나갈 수 있는지에 대한 부분도 메타인지적 컨트롤의 세부 요소입니다.

마지막 세부 요소는 업무가 종료된 이후에 복기하며 교훈을 얻고 추가적인 업무 개선 사항을 파악할 수 있는 인식이 있습니다. 세 번째로 넘어가도 될까요?"

"잠시만요. 여기가 좀 모호한데요. 결국 메타인지적 인식은 내가 메타인지적 컨트롤이 있는지 없는지도 아는 것이 아닐까요? 만일 그렇다면 메타인지적 컨트롤은 사실상 메타인지적 인식과 같은 개념으로 볼 수 있을 듯해서요."

"그렇게도 볼 수 있겠지요. 그러나 메타인지적 인식은 업무를 접한 순간과 같이 어떤 특정 순간에 나의 인지 상황에 대한 인식입니다. 일정 기간 동안의 과정과 흐름이 있는 것은 메타인지적 컨트롤이고요. 그것이 차이입니다."

"아, 메타인지적 인식은 특정 시점의 인지 상태를 보여주는 대차대조표 같은 것이라면, 메타인지적 컨트롤은 특정 기간 동안의 인지적 성과를 나타내는 손익계산서 같은 것이군요."

"좋은 비유네요. 샘이 방금 보여준 능력이 메타인지적 컨트롤이지요. 우리의 대화 과정을 짧은 시간 내에 곱씹어서 새로운 시사점을 얻어낼 수 있는 능력이에요."

"하하, 그렇군요. 우쭐해지는데요."

"이제 메타인지의 세 가지 주요 요소 중 마지막 세 번째로 넘어가겠습니다. 세 번째는 사회적 메타인지, 즉 나와 다른 사람들과의 상호작용(Interaction)에 대한 나의 인식을 의미합니다.

다른 사람의 의도를 파악하는 것에 대한 인지, 다른 사람의 인지 과정에 대한 인지, 어떤 인풋이 되는 행동에 대한 다른 사람의 반응을 예측할 수 있는 인지가 사회적 메타인지의 세부 요소입니다."

"이 세 번째 주요 요소인 사회적 메타인지가 저에게 제일 부족한 부분인 것 같아요."

"저도 그렇게 생각합니다. 샘은 메타인지의 세 가지 주요 요소 중에서는 첫 번째 메타인지적 인식이 가장 뛰어난 것 같아요."

"아, 파트너님도 그렇게 생각하세요?"

"네, 이 시간에 약속도 안 잡고 제 집무실에 쳐들어오신 것을 보면, 제 인지 흐름을 이해하시거나 제 반응을 예측하시는 사회적 메타인지는 완전 꽝이거든요, 하하하."

집무실에는 유쾌한 웃음이 울려 퍼졌다.

METACOGNITION

2장

메타인지가
뛰어난 사람들의
다섯 가지 특징

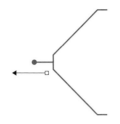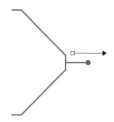

지향점을 분명히 안다

성취자는 지향점이 분명하다

메타인지가 뛰어난 사람들은 몇 가지 유형으로 나누어진다. 이 중 업무적으로 메타인지를 탁월하게 발휘하는 사람들의 대표 유형을 필자는 다섯 가지로 분류한다. 그중 첫 번째가 지향점이 분명한 '성취자(Achiever)형'이다. 기업 현장의 많은 리더들이 성취자형 메타인지를 드러내는 것을 여러 번 목격했다. 직관적으로 이해하기 쉬운 대표적 성취자형 인물로는 스티브 잡스가 있다. 스티브 잡스는 세상에서 가장 위대한 제품을 만들겠다는 강한 지향점을 가지고 애플을 이끌었던 것으로 유명하다. 심지어 애플에서 이익이 중요한 이유는 세상에서 가장 위대한 제품을 만드는 데 재투자되어야 하기 때문이라고 했다.

그의 확고한 지향점은 여러 딜레마 상황에서 판단의 준거가 되었다. 스티브 잡스를 소재로 한 자서전 및 영화에 항상 등장하는 장면이 대표 사례다. 이를테면 스티브 잡스가 '세상에서 가장 위대한 제품'이 되기 위해 필요하다고 믿었던 기능을 추가하는 데 반대하는 엔지니어가 있었다. 잡스는 그를 즉석에서 해고하는 결정을 내리고도 흔들림이 없었다.

분명한 지향점을 바탕으로 본인이 현재 무엇을 해야 하는지 인지하고 이를 망설임 없이 추진하는 것이 성취형 메타인지에 기반한 사람들의 특징이다.

> 애플의 목표는 돈을 버는 것이 아닙니다. 우리의 목표는 좋은 제품을 디자인하고 개발해 시장에 출시하는 것입니다. 좋은 제품을 시장에 내놓으면 사람들이 그 제품을 좋아하게 될 것입니다. 그리고 사람들이 그 제품을 좋아하면 물론 우리는 돈을 벌 것입니다. 그러나 우리는 우선적 목표가 무엇인지 아주 명확히 알아야 합니다.
> – 스티브 잡스

필자가 경영 컨설팅 업체에 근무하면서 만날 수 있었던 기업체의 많은 리더들 중에는 성취자형 메타인지가 의사결정을 지배하는 경우가 많았다. 명확한 지향점을 갖고 매일 일어나는 이슈에 대한 의사결정에 임하는 것이다. 그들은 이러한 지향점을 '명분'이라고 표현했다. 왜 그런 결정을 하는지에 대한 이유가 확고한 것이다. 1장에서 설명한 메타인지의 세부 요소로 설명하자면, 노와이(Know-why)가 지배적으로 작용하는 메타인지 형태다. 이런 사람은 하나의 결정이 어떠한 과정을 거쳐 결과를 만들어가게 될 것인지 비교적 정확하게 인지하고 있다. 또한 그 결과가 왜 일어나야 하는지에 대한 나름의 이유도 명확하다.

또한 성취자형 메타인지를 가진 사람은 계획(Planning), 즉 순간적 인지에 기반해 대략적 계획을 수립하는 데 능하다. 쉽게 이야기해서 이른바 '견적'을 잘 내는 재주가 있다. 어떤 일이나 문제가 생기면 이를 어떻게 풀어가야 한다는 노하우(Know-how)를 기반으로, 실제 어느 정도의 노력과 자원이 얼마만큼의 시간 동안 소요되어야 마무리할 수 있다는 인식이 직관적으로 생기는 유형이다.

추가적으로 성취자형 메타인지를 주요 무기로 삼는 많은 리더들은 일이나 문제해결 과정에서 얻어지는 교훈에 관심이 있다. 어떤 부분이 개선 가능했으며, 이렇게 얻어진 교훈을 다른 곳에 적용할 수는 없을까 생각해보는 경우가 많았다. 이는 메타인지의 세부 요소 중 평가(Evaluating)가 작동할 때의 대표적인 모습이다.

필자가 경영 컨설팅을 하며 만났던 가장 인상 깊었던 성취자형 메타인지의 소유자는 다소 의외로 중앙정부부처의 한 고위 공무원이었다. 십수 년 전 필자가 몸담았던 조직 내 여러 사정 때문에 원하지 않는 업무를 담당하게 되었는데, 한 정부 산하기관의 입장을 대변해 보고서를 작성하는 업무가 그것이었다. 한데 그 업무의 드러나지 않은 실질적인 목적이 있었다. 바로 새롭게 추진하는 사업의 정당성을 확보해 정부 예산을 확보하는 일이었다.

경영 컨설팅이라는 업무의 특성상 때로는 본인의 신념이나 가치관과 일치하지 않더라도 어쩔 수 없이 현실과 타협해야 하는 경우가 생긴다. 이 업무가 그러한 경우였다. 객관적으로 아무리 잘 검토해봐도 정부 산하기관에서 추진하고 싶어 하는 새로운 사업은 큰 타당성이 없었다. 그럼에도 불구하고 최선을 다해 해당 사업의 장점과 기대효과를 논리적으로 정리해 컨설팅 보고서를 완성했다. 개인적으로 상당히 괴로운 인지부조화의 시간이긴 했으나, 그래도 논리는 그럴듯하게 도출되었다. 세련된 스토리텔링 기법을 동원해 100페이지가 넘는 보고서가 심지어 무척 흥미롭다는 반응까지 얻게 되었다.

세종시가 생기기 오래전, 당시 과천에 위치한 담당 부처에 프레젠테이션을 하러 가면서도 마음이 편하지는 않았다. 개인적으로는 이 보고서가 통과되어서 결과적으로 이 사업에 대규모 예산이 배정되면, 우리나라는 희망이 없는 것이 아닌가 하는 생각까지 들었다.

예산권을 쥐고 있던 담당 공무원은 프레젠테이션을 아주 흥미롭게 들어주었다. 중간에 관련 있는 주변 서기관들을 불러서

'내용이 실하고 공부가 된다'며 들어보라고 권유하기도 했다. 필자는 힘든 업무 결과가 인정받는 것에 대한 감사함 절반, 우리나라의 미래에 대한 걱정이 절반이었던 오묘한 기분이었다. 한데 프레젠테이션을 끝까지 경청한 담당 공무원은 다음과 같이 말했다.

"사업에 대한 분석이 좋고 재미있게 들었습니다. 해당 사업에 대한 이해도가 많이 올라가서 나중에 관련 정책을 수립할 때 큰 도움이 될 거 같습니다. 정말 고맙습니다. 그런데 정부가 해야 하는 일과 예산이 쓰여야 하는 곳을 생각해보면, 이 사업에 예산을 배정하기에는 우선순위가 높지 않은 것이 사실입니다. 오히려 민간에서 이런 사업이 활성화될 수 있도록 정책을 검토해보겠습니다."

정부 입장에서 왜 이것을 해야 하는가(노와이), 이 보고서를 통해 내가 배운 것은 무엇이며(평가), 이를 향후 정책 수립에 어떻게 반영할 것(계획)이라는 성취자형 메타인지의 특성이 잘 나타났던 일화다. 담당 공무원의 단호한 발언에 그 자리에 있던 모든 사람들이 고개를 끄덕일 수밖에 없었다. 당초 컨설팅 업무의 목적이었던 예산 확보는 이루어지지 않았지만 필자는 무척 기분이 좋았다. 그리고 이런 공무원들이 있다면 우리나라의 미래가 꽤 희망차다고 생각했다.

추종자는 AI로 대체된다

한국의 교육 현실에서 자녀의 사교육 문제는 많은 학부모들에게 큰 고민거리다. 이른바 '개천의 용'이 멸종한 요즘은 일단 대치동 학원가를 한번 경험해야 소위 명문대 입학이 가능하다는 주장이 난무한다. 그와 동시에 사교육보다는 자녀들이 스스로 공부하는 법을 터득하고 문제를 해결할 수 있는 환경을 만들어주는 것이 참교육이라는 주장도 나온다. 정말 무엇이 맞는 것일까?

일반적으로 성취자 유형의 메타인지를 발휘하는 사람들은 이러한 문제를 대수롭지 않게 생각한다. 일단 자녀를 명문대에 입학시키는 것이 부모의 지향점이라면, 국내 입시 현실을 보았을 때 사교육에 집중 투자를 할 수 있다고 본다. 지향점에 맞는 수단을 쓰는 것이기 때문이다. 반대로 자녀가 독립심을 갖고 스스로 학습해나갈 수 있도록 가르치는 것이 부모의 궁극적 지향점이라면, 사교육은 꼭 필요할 때만 이유를 따져서 받으면 된다. 이처럼 메타인지 세부 요소 중 하나인 노와이가 사고를 지배하는 것이 대표적인 성취자 유형의 특성이다.

사교육의 필요성에 대해 각자 어떤 의견을 갖고 있는지 생각하는 시간을 잠시 가져보는 것도 좋다. 아직 자녀 교육에 신경 쓸 때가 아니거나 이미 그 시기가 지났다면 관계없지만, 자녀 교육과 관련한 고민을 한 번쯤 해보았으나 본인의 의견이 아직 확고하지 않은 경우라면 성취자형 메타인지가 강하지 않은 것이다.

필자가 경영 컨설팅 업체에 근무할 때, 목적 자체가 이해되지 않는 업무를 하고 있는 사내 직원이나 고객사 카운터파트를 만나면 "이 업무는 왜 하고 계신 건가요?"라는 질문을 자주 던졌다. 이때 한숨을 푹 쉬면서 "위에서 하라니까 하고 있어요."라는 대답이 의외로 많았다. 메타인지가 작동하지 않거나 할 수가 없는 상황이었을 것이다. 더 구체적으로는 다음의 두 가지 상황 중 하나일 가능성이 높다.

1. 업무 담당자 자체가 메타인지적 인식의 노와이 그리고 메타인지적 컨트롤의 계획과 평가에 미흡하고, 전체 메타인지 메커니즘을 끌어가는 유형이 아니다.
2. 위 1번에서 나열한 요소가 발휘되기 어려운 업무 환경에 놓여 있다.

위에 정리한 1번 또는 2번의 상황을 수동적 추종자(Follower) 유형이라고 하며, 성취자형 메타인지와는 반대의 개념으로 해석할 수 있다. 이 업무를 자신이 왜 하는지 모르는 상황이다.

2018년 10월 대한상공회의소가 상장사 직장인 4천 명을 대상으로 '국내 기업의 업무 실태'를 조사한 바에 따르면 '업무 방향이 이상해도 지시받은 대로 하는가?'라는 질문에 직장인의 60.1%가 '그렇다'고 했다. 또한 직장 내 '업무 방식' 하면 떠오르는 단어는 '비효율' '삽질' '노비' '위계질서' 등의 부정적인 단

군소리 없이 청소하는 AI 로봇

어라는 답변이 86%에 달했다. 보고서는 이러한 상황의 원인을 'Why'에 대해 고민하거나 협의하지 않는 리더십과 'Why'를 설명하거나 질문하지 않는 문화를 꼽았다. 메타인지적 시각에서는 '노와이'의 중요성을 통렬하게 지적한 보고서다. 조사 결과를 발표한 담당자는 "현재 대다수 리더들이 하달된 전략을 이행하는 산업화 시대의 인재로, 스스로 답을 찾아 가야 하는 새로운 경영 환경에서 성장통을 겪고 있다."라고 의견을 덧붙였다.

생각 없이 또는 군소리 없이 시키는 일을 열심히 하는 것이 직장인의 미덕인 시대도 있었다. 그러나 지금은 AI 시대다. 군소리 없이 시키는 일만 열심히 하는 것은 이제 AI의 몫이다.

맥락을 파악한다

플레이메이커는 시야가 넓다

흔히 축구, 농구, 아이스하키 같은 단체 운동경기에서 플레이메이커(Playmaker)라는 용어가 자주 쓰인다. 전체 게임의 흐름을 판단하고, 같은 팀의 선수들을 활용해 득점에 유리한 상황을 계속 만들어가는 선수를 뜻한다. 대표적으로 축구에서는 리오넬 메시 같은 선수가 있다. 실제 국제축구역사통계연맹(IFFHS) 같은 단체에서는 4개년 동안 메시에게 '최고의 플레이메이커 상'을 안겨주기도 했다. 메타인지가 뛰어난 사람들의 두 번째 유형이 바로 이 플레이메이커형이다.

플레이메이커의 중요 역량으로는 먼저 전체 경기의 흐름을 읽는 능력을 꼽는다. 또한 팀 선수들의 장단점을 아는 것도 중요하다. 승리를 위한 팀의 전략이 유효하게 작동하는지를 끊임없이 확인하는 것도 필요하다. 이러한 역량 역시 메타인지 세부 요소의 관점에서 해석이 가능하다. 전체 맥락을 인지하는 노웨어(Know-where) 및 노웬(Know-when), 팀의 강점과 부족한 점을 인지하는 노왓(Know-what), 진행 과정에 대한 모니터링(Monitoring)이 바로 유능한 플레이메이커들의 메타인지를 지배하는 요소다.

플레이메이커형 메타인지가 뛰어난 리더들은 특정 쟁점에 대해 전체 맥락상 적절성을 먼저 인지하고자 하는 경우가 많다. 또한 조직이 가진 역량을 기반으로 할 수 있는 일에 대한 우선순위를 정하고자 한다. 이러한 과정을 넓은 시야를 바탕으로 변화하는 환경에 맞게 끊임없이 모니터링하면서 수정한다.

필자는 수천억 원대의 신규 매출이 기대되는 새로운 유통 사업의 사업권을 획득하기 위해 국내 굴지의 대기업을 자문한 경험이 있다. 이때 해당 대기업의 전체 컨트롤 타워를 총괄하는 리더는 전형적인 플레이메이커형 메타인지로 필자에게 깊은 인상을 남겼다. 해당 업무를 위한 TF(Task Force)가 모두 어떻게 하면 사업권을 획득할 것인가를 고민하고 있을 때, 이 리더는 '거시 환경의 변화가 해당 사업에 미칠 영향이 무엇인지' '우리가 그 사업을 할 수 있는 역량이 있는지'를 끊임없이 물어보았다. 한번

구분	한국	중국
수출	1조 4천억 원	손실이 미약
투자	영향이 미약	454억 원
관광	7조 1천억 원	1조 400억 원
문화콘텐츠	87억 원	손실이 미약
합계	8조 5천억 원	1조 1천억 원
명목 GDP 대비 비중	0.52%	0.01%

출처: 현대경제연구원

은 사업계획 내용을 보고하러 찾아갔는데 사업계획 내용에는 관심도 없었다. 회사가 이 사업을 진행했을 때 정말 성과가 나올 수 있을 것인지에 대해 토의하는 데 대부분의 시간을 보냈다. 당연히 해당 사업이 유망하며, 회사가 이를 진행해야 한다는 가정하에 사업계획을 작성했던 모든 담당자들이 당황했음은 상상이 가능할 것이다.

하루는 한국 정부의 사드 배치에 대해 질문을 했다. (이 일화는 사드 배치 결정 이전에 발생한 일이다.) 사드 배치라는 환경 변화가 새롭게 시도하려는 사업에 심각히 부정적인 영향을 줄 수 있지 않느냐는 것이 요지였다. 시간이 흘러 사드 배치로 인해 중국 정부가 한국과의 관광 및 교역을 제한할 수 있다는 파급 효과를 이해하게 되었지만, 당시만 해도 사드 배치는 지역 주민들의 반대

시위 정도가 보도되는 수준이었다.

이에 대해 필자는 사드 배치로 인한 영향이 제한적일 것이라는 예측을 근거와 함께 설명했던 부끄러운 기억이 난다. 사실 중국 정부의 제한 조치로 국내 여러 산업이 타격을 받는 상황은 경영 컨설턴트로서도 예측하기 쉽지 않았음을 고백한다. 그러나 플레이메이커형 메타인지가 뛰어났던 그 리더는 사드 배치로 발생할 수 있는 위험에 대해 당시 매우 유효한 지적들을 해서 아직도 기억이 선명하다. 당시 그가 지적한 내용의 상당 부분은 현실화되었다. 넓은 시야를 바탕으로 한 플레이메이커형 메타인지의 중요성을 크게 느끼게 해준 일화다.

구멍은 맥락을 모른다

플레이메이커와는 반대로 단체 운동에서 반복적으로 실수를 저지르는 선수를 소위 '구멍(Weakest Link)'이라고 한다. 여러 유형이 존재할 수 있으나, 프로 스포츠 수준에서는 전체 공격 흐름을 끊는 실수를 하는 선수가 가장 대표적이다. 경기의 흐름과 맥락을 인지하는 노웨어 및 노웬이 부족해서다. 또한 자신의 강·약점과 상대방의 강·약점을 정확히 인지하지 못하는 데서 오는 실수도 있다. 노왓이 작동하지 않는 것이다. 야구 경기에서 타자가 투수가 던지는 구질의 강·약점을 인지하지도 못하고 타석에 들어선 경우를 생각하면 쉽다. 또한 경기가 잘 풀리지 않는다면 빠르게 전술을 수정해 경기 흐름의 변화를 꾀해야 한다. 그러지 않으면 관중과 선수 모두 속이 타들어갈 것은 불 보듯 뻔하다. 과거 월드컵 무대에서 한국 축구 대표팀이 그런 안타까운 모습을 몇 번 보여준 적이 있다. 이처럼 진행에 따라 전술을 수정해갈 수 있는 것이 메타인지적 컨트롤의 세부 요소인 모니터링이다.

업무적으로는 맥락상 꼭 검토해야 할 사항이 누락되는 경우가 대표적으로 플레이메이커형 메타인지가 필요한 상황이다. 필자가 목격한 사례 중에는 전문 의료서비스를 개발해 이를 해외에 수출하고자 하는 기업이 있었다. 이 기업은 해외 진출의 첫 번째 타깃으로 중국과 베트남 등의 나라를 검토했다. 그런데 왜 미국이나 유럽은 검토의 대상이 아닌가 하는 질문을 던졌을 때 명확한 대답이 돌아오지는 않았다. 그저 최근 한류 등의 영향으로 한국 의료서비스에 호감이 있을 만한 국가들 중에서 의료 기술 면에서 한국이 한 수 알려줄 수 있을 만한 국가를 선정했다고 답했다.

K팝 등 한류의 긍정적 효과가 있는 것은 분명하지만, 진출 국가와 시장을 결정할 때는 보다 종합적인 맥락에서 다양한 요소를 검토해야 함은 굳이 설명할 필요도 없다. 기본적인 시장의 규모, 의료서비스에 대한 수요와 지출 능력, 경쟁 및 대체재, 정부 규제 등의 사항이 검토되지 않은 것이다. 이러한 현상은 전체 타깃 시장들을 조망하고, 맥락에 따라 적합한 평가 항목을 결정하

☼ 세계은행의 190개 국가 대상 기업환경 평가 항목

창업 ──▶ 공간 확보 ──▶ 자금 확보 ──▶ 회사 운영 ──▶ 안정적 환경

개업 채용 허가 각종 자산 신용 투자자 세무 무역 정부 계약 분쟁
              인프라 등록 확보 보호   과제 이행 해결
              확보   담보

> 세계은행이 상기 항목들로 기업환경을 평가한 결과에 따르면 뉴질랜드가 1위,
> 싱가포르가 2위를 차지했고, 한국은 미국보다 높은 5위에 올랐다. 최하위로는
> 소말리아가 꼽혔다.

출처: 세계은행, 'Ease of Doing Business Rankings'

는 과정에 대한 인지 부족에서 온다. 아주 지엽적인 두어 개의 기준으로 후보 시장을 추려버리는 오류다.

AI 시대에 업무의 진행은 넓은 시야로 맥락과 타이밍을 파악해야 한다. 그리고 자신이 가진 강점과 약점을 고찰해야 한다. 그렇게 잡힌 전략이 실제 실행에서 의도대로 되고 있는지도 끊임없이 확인하고, 필요하면 과감히 방향을 바꿔야 한다. 그것이 구멍이 되지 않는 법이며, 나아가 플레이메이커형 메타인지를 가진 사람들의 특징이기도 하다.

경험과 직관의
한계를 안다

버틀러형 메타인지는 신뢰를 받는다

버틀러(Butler)라는 단어는 보통 '집사'라는 뜻으로 많이 사용된다. 신중하고 차분히 계획된 일을 처리하며 고객의 반응을 늘 살피는 직업이다. 업무상 메타인지가 뛰어난 사람들의 세 번째 유형이 버틀러형이다. 영국 왕실의 버틀러 출신인 그랜트 해롤드는 버틀러 전문 교육기관을 설립하고 버틀러로서 갖춰야 할 다양한 소양을 교육하고 있다. 영미권에서는 그의 에티켓 강의가 유튜브 등 SNS를 타고 퍼져서 유명세를 타기도 했다. 그는 2019년 기고문에서 오늘날 버틀러가 갖춰야 할 요건 열 가지를 꼽았다. 그중

버틀러 전문 교육기관 더로열버틀러(The Royal Butler)의 홈페이지

에는 정직성 등과 함께 '자연적인 지적 능력(Natural Intelligence)'
과 '능동적 자세(Initiative)'가 주요 요건으로 명시되어 있다. 또한
이는 '경험'이나 '학습된 지식'보다 중요하다고 강조했다. 그랜트
해롤드가 강조한 자연적인 지적 능력의 실체는 무엇일까?

버틀러형 메타인지는 주로 자신과 조직의 취향, 고객 또는 이
해관계자의 반응을 예측해 계획 수립에 신중하고 많은 시간을
쏟는다. 이를 그대로 메타인지적 세부 요소로 설명하자면 노왓과
이해관계자 반응 예측(Predicting the Reaction)에 기초한 계획이
자연적 지적능력, 즉 메타인지를 주도한다고 해석할 수 있다.

일반적으로 고객사에서 업무를 수임해 전문적 역량을 발휘
하고 수수료를 받는 것이 법무법인이나 회계법인 등 전문가 집
단의 공통적인 비즈니스 모델이다. 필자는 이러한 전문가 집단

을 이끌고 있는 리더들 중에 버틀러형 메타인지가 강한 이들을 종종 관찰할 수 있었다. 필자가 관찰한 한 전문가 집단의 리더는 최근 수임한 대형 업무 건을 포기해야 할 수도 있는 위기 상황에 놓였다. 큰 이권이 개입되어 있다 보니 수임 단계부터 여러 잡음이 끊이지 않던 건이었다. 한데 정작 업무를 시작해보니 전문성이 있다고 믿었던 업무 담당팀이 고객에 대한 리더십을 전혀 발휘하지 못하고 있었다. 보통 해당 주제에 대한 전문성이 부족해 콘텐츠로 고객을 충분히 이끌지 못할 때 이런 현상이 왕왕 발생한다. 고객사는 물론이거니와 여러 이해관계자들로부터 불만이 접수되고, 회사의 명성에 위협이 되는 상황까지 이르렀다.

이 글을 읽고 있는 여러분도 위 전문가 집단의 리더로서 향후 수습 방향을 결정해야 한다고 하면 어떤 사고의 흐름을 밟아갈지 한번 생각해보길 바란다. 상황에 따라 위기를 타계할 수 있는 여러 가지 방법이 있을 것이다. 이 리더는 먼저 상황의 변화 추이를 신중하게 지켜보며 2주가 넘는 시간 동안 장고(長考)했다. 결론적으로 그는 수임한 대형 업무를 중단하고, 회사의 전문성 부족으로 업무가 중단된 사태에 대해 리더로서 고객사에 진심으로 사과할 계획임을 밝혔다. 실제 고객사에 발생한 피해가 있다면 이를 보상하고, 필요하다면 고객사의 업무가 정상적으로 다른 전문가에게 인계될 수 있도록 모든 지원을 할 수 있는 계획을 제시했다. 또한 업무 담당팀에서 각각의 실무 카운터파트에 어떤 메시지를 전달해야 할지에 대해서도 꼼꼼하게 가이드를 남겼다. 이 리더는 고객의 반응을 예측했던 것일까? 메타인지적 시각에서 본다면 이러한 버틀러 유형은 예상되는 이해관계자의 반응을 늘 고려하는 것이 정상이다.

그래서였을까. 고객사에서는 업무팀의 전문성이 부족한 상황에서 어떻게든 수수료를 받아보겠다고 업무를 물고 늘어지는 것보다 훨씬 신사적이며 합리적인 결정이라고 반겼다. 이후 이 고객사에서는 해당 전문가 조직이 특정 주제에 대해 업무 전문성을 보유했다고 이야기하면, 이를 더 신뢰해주는 관계로 발전했다. 전문성이 없는 부분에 대해서는 없다고 솔직하게 이야기하는 모습을 보았기 때문이다. 이후 기회가 닿아 해당 결정을 하게 된 과정을 리더에게 질문하니 다음과 같은 답변을 들을 수 있었다.

"일단 전문가로서 우리가 해당 업무를 일정 수준 이상으로 잘 수행할 수 있는지 고민했습니다. 그러나 상황을 보니 우리 내부에서는 고객이 기대하는 품질 수준을 맞출 정도의 전문가를 확보하기가 쉽지 않다는 판단이 들었습니다. 그렇다면 이에 대해 고객에게 솔직히 이야기하고 해결 방안을 허심탄회하게 묻는 것이 수순입니다. 나아가 고객 입장에서 한 번 더 생각해보면 이대로 업무를 끌고 가자는 결정을 하기가 여간 쉽지 않아 보였습니다. 그렇다면 업무를 중단하는 결정이 고객 측에서는 더 진정성 있는 결정이 될 수 있을 것 같았습니다. 생각이 여기까지 이르렀다면 그다음은 고객사에 이를 진정성 있고 조심스럽게 잘 커뮤니케이션 하는 계획이 필요했고, 그 방법을 고민했습니다."

이것이 메타인지상 주요 세부 요소인 노왓, 즉 우리가 할 수 있는가에 대한 질문, 그리고 고객의 반응 예측(Predicting the Reaction), 이후에는 이에 대한 꼼꼼한 커뮤니케이션 계획을 추구하는 버틀러형 메타인지를 주로 활용하는 리더의 전형적인 사례다. 버틀러형 메타인지는 상황과 자신 그리고 상대방에 대한 신중한 인지를 우선적으로 행하기 때문에 리더가 보유한 경험이나 학습된 지식에 근거해 성급한 결정을 내리는 실수를 최소화한다.

꼰대는 메타인지 결핍 증상이다

'나 때는 말이야~'로 시작하는 직장 선배들의 무용담이 요즘은 언어 유희를 거쳐 '라떼는 말이야'로 표현되는 것을 재미있게 보았다. 선배들이 "나 때는 이렇게 했으면 회사가 난리 났어." 등의 옛날 기준을 꺼내 들기 시작하면, 요즘 후배들은 "라떼 타임인가요? 선배님, 시원한 아이스 라떼 한 잔 사주면서 이야기해주세요."라고 넘어가는 식이다. 이는 밀레니얼 세대로 분류되는 구성원의 비중이 늘어나면서 다소 경직된 조직 분위기도 자연스럽게 부드러워지는 좋은 과정이라고 본다.

밀레니얼 세대는 과거와 다르게 직업관이 다양하다. 생계를 위해 직장 생활을 하는 유형부터 자아실현의 목적까지 개인별로

✿ 직장인이 꼽은 2030 젊은 꼰대의 특징

(직장인 1,945명 대상)

직장 내 젊은 꼰대 있다 75.4%	없다 24.6%

젊은 꼰대들의 꼰대스러운 행동(복수 응답)

자신의 경험이 전부인 양 충고하며 가르치려는 유형 57.8%

자유롭게 의견 내라더니 결국 본인 답 강요하는 답정너 유형 41.3%

선배가 시키면 해야 한다는 식의 상명하복을 강요하는 유형 40.7%

"나 때는~"으로 시작해 본인 경험담을 늘어놓는 유형 35.1%

나이부터 확인하고 본인보다 어리면 무시하는 유형 28.7%

취업 전문 사이트 '사람인'에서 설문조사한 결과 '자신의 경험이 전부인 양 충고하며 가르치려는 유형'을 꼰대의 특성으로 꼽았다.

출처: 사람인

다양한 인생관을 인정해야 한다. 즉 개인마다 지향점이 다르기 때문에 문제해결에 작동하는 메타인지의 결과도 다를 수 있다. 상대적으로 일관된 지향점을 갖고 직장 생활을 했던 선배들 시각에서는 요즘 후배들이 성에 안 차기도 할 것이다. 그러나 그건 후배들도 마찬가지다. 그런 선배들과 일하고 싶어 하지 않는다.

선배들이 경험한 과거의 법칙이 여전히 100% 맞다 할지라도, 조언을 듣는 후배의 지향점과 다르면 도움이 되는 경험담이 아니다. 빨리 승진해 더 나은 연봉을 받고 가족들과 좀 더 나은 생활을 하는 것이 지향점이었던 선배가 있다고 하자. 이 선배는 실제로 열심히 노력하고 인정을 받아 40대 초반에 임원 자리에 올랐다. 그러나 이런 선배가 "주말에도 업무를 놓으면 안 되며, 사장님이 전화를 하시면 새벽 2시라도 일어나 받아야 빨리 승진 한다."라고 이야기하는 것이, 빠른 승진보다는 빠른 퇴근 이후 문화생활을 즐기는 비혼주의 후배가 듣기에 설득력이 있겠는가?

그런데 더 큰 문제는 선배들의 과거 경험이나 해당 경험을 바탕으로 형성된 직관이 대부분 100% 맞지도 않다는 것이다. 경험이나 직관은 지엽적 내용만을 담고 있을 가능성이 대단히 높다는 것을 명심하자. 이는 대다수의 직장인들이 포괄적인 메타인지가 가능할 정도로 광범위한 경험을 하거나 직관을 보유하지 못한 것이 현실이기 때문이다.

국내 굴지의 한 대기업에서 과장급 사원이 "해외 파견 기회가 생겼는데 가는 게 좋을까요?"라는 질문을 던졌다. 이에 대해 한 차장급 선배 사원이 "내 동기가 갔다 온 것을 봤는데…"로 시작하는 조언을 듣고 흠칫 놀랐다. 선배가 답한 조언의 요지를 정리하면 '갔다가 오면 업무 공백이 너무 길어서 네가 설 자리가 없어지기 때문에 해외 파견은 가지 않는 것이 좋다'는 것이었다. 충분히 경험한 후에 한국 본사로 다시 돌아와 경력을 이어가는 것이 중요한 지향점이라면, 이 선배가 지적한 부분은 중단기적으로 발생할 수 있는 하나의 위험 요인이 될 수 있다. 그러나 메타인지 수준까지도 아니고 그냥 일반적인 논리로 생각해봐도 해외 파견을 가서 얻을 수 있는 성장과 혜택의 기회는 충분히 검토 및 비교된 것인가 하는 의문을 갖게 하는 조언이었다. 아주 대표적으로 지엽적 인지를 바탕으로 제공한 조언의 사례다.

직장 내 선배들은 업무적 조언을 할 때 이것이 충분히 포괄적인 내용인지에 대한 고민을 해볼 필요가 있다. 그 자체가 메타인지의 과정이기도 하다. 본인이 포괄적인 시각을 제공하기 어렵다는 생각이 들면 한편의 시각으로 볼 때는 이런 점도 있다는 정도의 조언이 적절할 것이다.

동시에 이러한 조언을 듣는 후배들이 가질 수 있는 메타인지적 자세는 두 가지 단계가 있다. 먼저 조언을 해주는 선배의 지향점이 무엇인지를 이해해보자. 자신과 지향점이 다르면 '이게 무슨 소리지?' 하는 생각이 드는 조언이 분명 있을 것이다. 그러나 선배의 지향점을 아는 순간 '그 지향점을 달성하려면 이것이 필요하다는 이야기구나.' 정도의 이해도가 생긴다. 최소한 후배에게 무언가 도움을 주고 싶은 선배의 진심은 느낄 수 있을 것이다.

두 번째는 조언을 그대로 듣기보다는 자신이 가진 지향점에 따른 메타인지의 재료로 활용해야 한다. 내가 필요한 코끼리의 전체 모습이 있는데, 선배들이 각각 꼬리, 뒷다리, 앞다리, 코 등에 대해 하나씩 조언을 해주고 있고, 이를 바탕으로 전체 코끼리의 모습을 조립해나가는 것은 본인의 역할이라는 것을 잊지 않으면 된다.

상대의 의도를
이해한다

네트워커는 상대를 이해한다

흔히 네트워킹은 인적 네트워크를 넓힌다는 표현으로 많이 쓰인
다. 그렇다면 네트워커(Networker)는 네트워킹을 잘하는 사람을
의미한다고 직관적으로 해석할 수 있다. 메타인지가 뛰어난 유형
중 네 번째가 이 네트워커형이다. 네트워커 유형의 메타인지 구
조를 가진 사람들은 간단히 이야기해 눈치가 빠르다. 상대방의
의도를 잘 읽기도 하거니와, 늘 상대방의 의도를 파악하고자 노
력을 기울인다. 상대방의 의도를 잘 읽고 반응을 예측해 눈치 있
게 행동하니 조직 내에서 평가가 괜찮을 수밖에 없다.

⚙ 전문직 네트워킹 현황 조사 결과

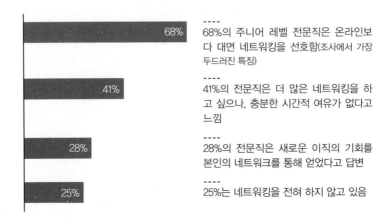

68%	---- 68%의 주니어 레벨 전문직은 온라인보다 대면 네트워킹을 선호함(조사에서 가장 두드러진 특징)
41%	---- 41%의 전문직은 더 많은 네트워킹을 하고 싶으나, 충분한 시간적 여유가 없다고 느낌
28%	---- 28%의 전문직은 새로운 이직의 기회를 본인의 네트워크를 통해 얻었다고 답변
25%	---- 25%는 네트워킹을 전혀 하지 않고 있음

직장인 네트워킹 현황 조사 및 분석에서는 네트워킹의 수준, 방식, 결과 등에 대한 논의가 대부분을 차지한다. 그러나 상대방의 의도를 파악하는 수준 또는 상대의 반응을 예측하는 수준 등의 사회적 메타인지 개념이 고려될 때 네트워킹에 대한 심층적 고찰이 가능해진다.

출처: 글로벌 회계법인 EY

메타인지의 세부 구성 요소 중 네트워커형이 주로 활용하는 것은 상대방의 의도 파악(Understanding the Intention), 맥락에 대한 눈치와 관련 있는 노웨어 및 노웬, 그리고 상대방의 반응 예측(Predicting the Reaction)을 꼽을 수 있다. 업무적 역량이 돋보이는 다섯 가지 메타인지 유형 중에 사회적 메타인지의 요소를 가장 많이 활용하는 유형이다.

통상적으로 '업무지향적' 인간과 '관계지향적' 인간으로 사람들을 양분하는데, 네트워커형은 관계지향적 인간과 차별화된 개

넘이다. 두 개념을 혼동하지 않아야 한다. 관계지향적이라는 것은 업무 성과에 앞서 인간 관계의 중요성에 많은 무게를 두는 성향을 의미한다. 그러나 메타인지 유형의 하나로 구분되는 네트워커형은 업무적 성과를 내기 위해 사회적 메타인지의 세부 요소를 활용한다. 결국 네트워커형은 여전히 업무지향적이다.

필자가 만나본 네트워커형 리더는 의외로 많지 않다. 아마 기본적으로 메타인지를 바탕으로 업무 성과를 내는 사람은 남의 눈치를 볼 기회가 그리 많지 않기 때문일 수도 있다. 그나마 참모급 리더들 중에 네트워커형이 몇 분 계셨는데, 그중에 기억나는 한 분은 워낙 유능하기도 했지만, 특히 네트워커형 메타인지를 효과적으로 활용했다.

이 리더는 기본적으로 일처리가 꼼꼼하고 깊은 사고를 하는 것으로 조직 내에서 유명했다. 회사에서 발생하는 대부분의 쟁점에 대해 본인이 특별한 준비를 하지 않아도 술술 답변할 정도의 업무력과 내공도 갖추고 있었다. 그럼에도 불구하고 이 리더는 CEO가 급작스러운 호출을 하면 5분 정도의 짧은 시간 동안 본인의 네트워커형 메타인지를 바탕으로 본인의 관점을 정리하고, CEO 집무실로 들어가는 모습을 보여 필자를 놀라게 했다. CEO의 호출을 받은 이 리더의 대응은 다음의 세 가지로 요약된다.

1. 최근 회사를 둘러싼 쟁점들을 바탕으로 CEO가 나를 왜 부르는지, 어떤 이야기를 할지 빠르게 생각해본다.

2. 예측되는 쟁점이 있다면 왜 여러 임원 중 하필 나를 부르는 것인가를 빠르게 생각해본다. 즉 나에게 원하는 것이 무엇일지를 짧게 고민해본다.
3. 나의 관점을 피력했을 때 CEO가 어떤 반응을 보일지 짧게 고민해본다.

약 5분 정도의 시간에 걸쳐 주변 임원 등에게 질문을 해보기도 하며, 맥락을 파악한 뒤에는(노웨어/노웬), CEO의 의도를 파악하고자(Understanding the Intention) 노력한다. 그리고 본인이 답변한 내용에 대한 CEO의 반응을 예측(Predicting the Reaction)해보는 과정은 가히 네트워커형 메타인지의 정수라 할 수 있다. CEO는 늘 상황과 본인의 의도에 부합하는 반응을 보이는 이 참모급 리더를 신뢰하지 않을 수가 없을 것 같다.

조직 내 극히 일부에서는 해당 참모급 리더의 이런 특성을 아첨이라고 비난하기도 했다. 그러나 필자가 객관적으로 보기에 이는 아부의 영역이 아니다. 시시각각 발생하는 기업 경영 현장의 이슈에 대해 CEO의 눈높이에서 생각하고 토론할 수 있도록 늘 준비하는 것이 진정한 참모의 역할이 아닐까? 이러한 노력은 동시에 본인이 할 수 있는 최적의 메타인지적 사고방식이기도 하다.

고문관은 의도 파악이 안 된다

과거 군복무 시절에는 동기 중 누군가 실수를 저지르면 동기 전원이 함께 얼차려를 받는 연좌제가 성행했다. 아마 단체의식이나 단결력을 함양하려는 의도였을 것이라 긍정적으로 생각하도록 하겠다. 그런데 동기 중에는 늘 눈치 없이 실수를 반복해 저질러서 동기들 모두를 조마조마하게 만드는 인물이 부대마다 거의 꼭 한 명씩 존재했다.

시쳇말로 이런 사람을 '고문관'이라고 불렀다. 어원을 따지면 단순히 동기들을 고문하게 된다고 해서 고문관이라는 명칭을 쓰게 되었다는 설이 하나 있다. 그러나 실은 한국전쟁 당시 한국군에 파견된 미군 고문관(Military Advisor)이 언어 장벽 때문에 상호 소통이 어렵고, 한국 현지 사정에도 밝지 못했던 것에서 유래했다는 것이 정설에 가깝다. 적군의 의도를 파악하고 반응을 예측하며, 전쟁의 흐름에 따라 전선과 교전 타이밍을 결정해야 하는 지휘관들에게, 현지 사정에 기반한 맥락을 이해하지 못하는 고문관들은 정말 '고문(Torture)'이었을 수 있다.

업무 현장에도 유독 상사나 동료들의 의도를 알아채지 못하는 동료가 있다. 그렇다고 이런 사람들이 국어를 못 하는지 따져보면 절대 그렇지 않다. 대부분 정규 교육 과정을 잘 마치고, 4년제 유수 대학교를 졸업한 사람들이다. 조직 내에서 이런 사람들은 흔히 '커뮤니케이션이 잘 안 된다.' '답답하다.' '업무 센스가 없다.' 등으로 표현되고 평가될 것이다. 이런 유형의 사람들이 부족한 것은 언어 실력이 아니라 바로 메타인지다. 그중에 특히 맥락을 파악하거나(노웨어/노웬), 상대방의 의도를 이해하는 세부적 메타인지 요소가 다른 요소들에 비해 잘 발달하지 않은 경우가 많다. 상대적으로 경직된 조직일수록 이런 구성원들의 비중이 높다. 이런 유형의 사람들은 채용 과정 및 이후 성과 평가 등에서도 걸러지지 않기 때문이다.

과거 경직된 조직 문화가 남아 있던 한 대기업 총수가 아무개 임원에게 크게 화를 냈다. 그래서 총수의 최측근 참모들이 아무개 임원을 조용히 불러 퇴직 처리를 했다. 본인도 조직의 뜻에 순종했다. 한데 며칠 뒤 총수가 "그런데 요즘 왜 아무개가 안 보이냐?"라고 하셔서 곧바로 그날 오후 아무개 임원을 급하게 다시 출근시켰다는 우스갯소리가 있다. 다소 과장되기는 했으나 실제 국내 한 대기업에서 십수 년 전에 벌어진 실화에 바탕을 두고 있는 이야기다. 이른바 어느 정도 알아서 조치해야 하는 경직된 문화를 가진 기업에서는 이처럼 최고 의사결정권자의 의도를 잘못 이해해 많은 직원들이 고생을 한 사례가 수도 없이 존재한다. 이럴 때 필요한 것이 메타인지다. 기본적 메타인지가 작동하지 않는 직원이 있다면 정말 그 직원보다는 AI와 함께 일하는 것이 훨씬 수월할 수도 있다.

한번은 여러 이해관계자들이 모여 진행하는 대규모 회의에서 프레젠테이션을 진행했다. 주주의 입장을 대변하고자 자리를 지키고 있는 사람, 이사회의 입장을 대변하고자 자리를 지키고 있는 사람, 직원들을 대변하고자 자리를 지키고 있는 사람 등 다양한 이해관계가 얽힌 자리였다. 쟁점에 대한 발표 이후 질의 응답 및 토의가 한창 진행되었고, 다행히 큰 이견이 없이 의견이 좁혀지는 분위기였다.

"더 이상 질문이나 코멘트 없으신지요?"

빨리 원만한 마무리를 하고 싶었던 필자가 청중을 향해 마지막 확인 질문을 던졌다. 그러자 한쪽에 앉아 있던 자문 교수님이 쭈뼛하게 손을 들었다.

"음… 보고서 마지막에 나오는 이 내용에 대해 저는 좀 다르게 생각하는데요."

이 말과 함께 본인의 이야기를 시작했는데, 쟁점의 본질과는 큰 관련이 없었다. 하여 저분이 왜 저런 이야기를 길게 하는지 이해하기 위해 사회적 메타인지를 총동원했다. 그 교수님은 이 업무의 자문위원이었고, 자문위원의 역할은 전문적 관점에서 조언해 최종 보고서의 품질을 높이는 것이라고 되어 있었다. 최종 보고 회의가 이대로 끝나면 자문위원 역할의 의미가 퇴색될 수 있다는 데 필자의 인지가 다다랐다.

대략의 발언이 끝나고서 필자가 다음과 같이 정리해 말했다.

"교수님께서 주신 말씀은 결국 이와 유사한 상황에 대처한 선진 사례는 어떤 것이 있는지 조금 더 보완하면 좋을 것 같다는 말씀으로 이해됩니다. 맞는지요?"

"네, 그렇지요."

"저희가 그 부분을 보완해 최종 보고서를 제출하겠습니다. 자문위원으로서 완성도를 높일 수 있는 부분 지적해주셔서 감사합니다."

사실 자문 교수가 지적한 내용은 보고서에 이미 일부 포함되어 있는 내용이기는 했다. 또한 마음먹고 반박하려면 충분히 반론 제기가 가능한 내용이었다. 그러나 네트워커적 메타인지 측면에서 보면, 자문 교수의 의도는 '작은 역할이라도 하고 싶다.'에 불과하다. 역할을 만들어줄 수 있는 선에서 적절히 마무리하면 모든 것이 아름답게 종료될 수 있는 것이다. 물론 선진 사례를 약간 더 보강하면 보고서의 품질이 좋아지는 것은 두말할 나위 없다. 이러한 적절한 타협을 가능하게 하는 것도 AI는 하지 못하는 메타인지의 영역이다.

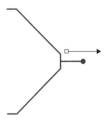

일관성을 유지한다

카운슬러는 다양한 시각을 이해한다

메타인지가 뛰어난 다섯 번째 유형의 특징은 쟁점을 바라보는 본인의 시각이 일정하다는 것이다. 이는 카운슬러형 메타인지라 불린다. 카운슬러(Counselor)형 메타인지 유형은 자신뿐만 아니라 상대방의 인지 흐름과 관점을 이해하려고 노력하는 것 (Sensing the Cognition Process)이 가장 큰 특징이다. 이를 위해 노와이와 모니터링을 부수적으로 활용하는 경우가 많다.

간단한 예를 들어 설명해보겠다. 먼저 다음 그림이 여러분에게는 어떻게 보이는지 묻고 싶다.

그렇다. 원 안에 점이 찍혀 있는 것 맞다. 그렇다면 다음 아래 그림은 어떻게 보이는가?

그렇다. 삼각형이다. 다음 그림은 어떤가?

그렇다. 그냥 원이다.

위 세 가지 그림은 사실 다음의 원뿔을 각각 정면 위에서 바라본 그림(원 안에 점), 정면으로 옆에서 본 그림(삼각형), 정면으로 아래에서 본 그림(원)이다. 모두 각각의 시각에서 원뿔을 정확히 담아낸 그림이다.

원뿔이라는 실체를 놓고 어떤 사람은 위에서 보고 원 안에 점이 있다고 주장하고, 어떤 사람은 옆에서 보고 삼각형이라고 주장한다. 아래에서 본 사람은 그냥 원이라고 주장하기도 한다. 물론 일부는 '이건 원뿔인데 무슨 소리들이냐'고도 한다. 이것이 업무 현장에서 서로의 인지를 이해해야 하는 단적인 이유다.

카운슬러형 메타인지를 잘 활용하는 리더들은 위 상황에서처럼 시각 차이가 발생하면, 저 사람은 왜 이것을 원 또는 삼각형 등으로 인식하는지 생각해본다. 혹시라도 상대방은 이 원뿔의 밑면에 무엇인가를 그려 넣어야 하는 상황이라서 밑면만 보고 원이라고 하는 건 아닌지 이해하려고 한다. 메타인지 세부 요소로서는 노와이의 과정이다. 이렇게 자신과 상대방의 인지 상황을 최대한 이해하고자 노력하는 것이 카운슬러형 메타인지의 특징이다. 메타인지 요소상으로 인지 흐름 센싱(Sensing the Cognition Process)이라는 메타인지 세부 요소가 잘 활용되기 때문이다.

정보보안을 담당하는 팀장과 매출을 올려야 하는 영업팀장의 회의에 동석한 적이 있었다. 정보보안 담당자는 고객 정보 유출 등의 위험이 있으므로 모든 영업사원의 스마트폰에 보안 프로그램을 설치하고, VPN(Virtual Private Network, 보안 목적의 가상사설 망으로 외부에서도 보안이 유지되는 인트라넷에 접속하는 것과 같은 환경을 만드는 것)을 통해서만 이메일 수신과 발신이 가능하게 해야 한다고 주장했다. 반면 영업 담당자는 고객 메시지에 빠르게 응대하는 것이 매우 중요하기 때문에 그런 거추장스러운 프로그램 설치는 절대 반대라고 했다. 영업사원의 사기 저하와 고객 응대 시간 지연이 주된 이유였다.

논의가 좁혀지지 않자 '15분'이라는 별명의 임원이 회의에 호출되었다. 모든 회의를 15분 내에 정리해 끝낸다고 해서 이 임원에게 붙은 별명이었다. '15분' 임원은 양측의 이야기를 차례대로 듣더니 다음과 같이 정리했다.

"지금 정보보안 담당자는 혹시라도 고객 정보 유출이 발생하면 수백억 단위의 손해배상 소송 위험이 있다는 점을 우려하시는 것이고, 영업 담당자는 일선 영업 활동에 제약이 발생하며 이 경우 매출 저하가 생길 수 있다는 점을 걱정하시는 거잖아요."

"네, 그렇죠."

정보보안 담당과 영업 담당이 동시에 대답했다.

"두 분 모두 각각 회사의 매출 저하와 비용 발생에 대한 우려인데, 이 둘은 모두 우리 회사 이익에 관련된 개념으로 보여요. 매출에서 비용을 빼면 이익이니까. 영업팀 입장에서는 매출이 좋아지면 마냥 좋을 거 같지만, 정보 유출 소송이 만에 하나라도 걸리면 이익은 완전히 깨져요. 대규모 손실에 대한 책임, 영업팀에서 질 수 있어요?"

"그건… 좀….'

영업 담당자가 말꼬리를 흐렸다.

"그렇다면 정보보안 관련 사고가 안 난다는 보장이 없으니 일단 정보보안 담당자 의견대로 한번 가보시지요. 정보보안 담당자도 그걸 고민해주세요. 만일 이 프로그램이 영업에 정말 방해가 돼서 영업사원들이 경쟁사로 이탈하거나 하면, 정보보안 사고는 예방되어도 매출이 줄어드니 이익은 당연히 안 좋아져요. 이런 경우가 발생하면 정보보안 담당 책임도 있는 겁니다. 그러니 영업사원들이 사용하기 편리한 프로그램을 찾아주세요. 됐지요?"

해당 논쟁은 15분이 채 걸리지 않고 끝났다. '15분' 임원이 사용한 기법은 메타인지의 전형적인 '나와 상대방의 인지 흐름 이해하기' 기법이다. 영업 담당자 입장에서는 영업 업무상 제약 요소들이 생길 경우 영업사원들의 사기가 저하되고, 보다 수월한 업무 환경을 제공하는 경쟁업체로 이직하는 등의 사태를 우려한 다는 것을 간파한 것이다. 나아가 직설적으로 밝히진 않았지만, 이러한 일이 발생할 경우 매출 하락의 책임을 지기 싫다는 영업 담당자의 인식 흐름도 읽었다. 그래서 만에 하나 정보 유출 사고가 났을 때 영업 담당자가 책임질 수 있는지 채근했는지도 모른다. 이처럼 나와 상대방의 인지 흐름을 이해하는 메타인지는 업무와 관련해 상이한 시각이 좁혀지지 않는 갈등이 있을 때 유용하게 쓰일 수 있다.

내로남불은 상황 논리에만 강하다

나와 상대방의 인지 흐름을 이해하지 못하는 것보다 황당한 경우는 본인의 시각이 널뛰듯 바뀌는데 이를 스스로 인지조차 못하는 경우다. 기업 조직에 가면 상황 논리에 따라 쟁점을 바라보는 시각이 자주 바뀌는 사람이 꼭 있다. 이런 사람들은 보통 '내가 하면 로맨스, 남이 하면 불륜'이라는 이른바 '내로남불'의 인지 구조를 갖춘 경우가 많다. 내가 하는 일은 무조건 조직에 도움이 되는 일이니 관련 검토를 짧게 끝내고 승인을 받으려고 하면서, 다른 사람이 하는 업무는 잘못될 경우 심대한 피해가 있으니 깐깐하게 따지는 유형이다. 또는 옛날에는 그렇게 해도 되었으나 지금은 상황이 바뀌었으니 안 된다는 식의 유형이다. 누구나 이런 사람을 한 번씩은 경험해봤을 것이다.

다음과 같이 물이 반쯤 찬 컵이 있다.

앞서 원뿔의 사례에서처럼 이 물잔에 대한 해석은 다양할 수 있다. '물이 반이나 차 있네!'와 '물이 반밖에 없네…'는 기본적으로 생각할 수 있는 두 개의 상반된 시선이다. 그 밖에 '물 버리고 맥주 따라 마시기 딱 좋겠네.'라는 시각도 존재할 수 있다. 아예 내용물에는 신경도 안 쓰고 '유리잔 자체가 색이 맑고 투명한 것이 고급이군.'이라고 생각하는 사람도 있을

수 있다. 아마 수집가 정도 되는 사람의 인식일 듯하다.

다양한 시각은 긍정적이다. 문제는 기업 조직에 가보면 이 모든 시각을 자신에게 유리한 대로 가져다 붙이는 사람이 꼭 있다는 것이다. 전에는 분명 물이 반밖에 없다며 뭐라고 했는데, 이번에는 물이 반이나 있다고 뭐라고 한다. '그때는 맞았지만 지금은 틀리다'는 식의 인지 과정을 가진 사람과는 함께 일하기 정말 쉽지 않다. 그러나 걱정 마라. AI 시대에 그런 사람은 발붙일 곳이 점점 줄어들 수밖에 없다.

물컵을 바라보는 시각에 대한 정답을 파악하기 위해서는 노와이, 그리고 나와 상대방의 인지 흐름 센싱이 필수적이다. 탈수로 고생하는 동료에게 물을 먹이기 위한 문제를 다루고 있었다면, 물컵이 어찌 생겼든 간에 물의 양과 질에 집중해야 한다. 반대로 급히 꽃을 꽂아 둘 곳을 찾고 있었다면, 컵의 높이와 얼마만큼의 꽃이 들어갈 수 있는지에 집중하면 된다.

먼저 나와 상대방이 왜 이 물컵을 바라보고 있는지, 함께 풀려고 하는 문제가 무엇인지에 대한 공통적 인지를 가져야 한다. 그다음에는 상호 간의 인지 흐름을 이해하고자 노력하면 순탄하다. 이 과정이 이루어지지 않으면 AI를 동료로 삼는 것이 훨씬 편할 수 있다. 하지만 이 메타인지가 구현되는 순간, 인간보다 더 나은 생각의 파트너는 없다.

메타인지 유형 이해하기

샘이 밝고 상기된 얼굴로 집무실에 들어왔다.

"파트너님, 금번 프로젝트 팀원들이 정말 좋은 것 같아요. 다시 한번 이 프로젝트에 참여할 기회를 주셔서 감사드립니다."

"팀원들이랑 마음이 잘 맞나 보죠?"

나는 환한 미소와 함께 답해주었다.

"네, PM(Project Manager)까지 5명의 팀원들이 정말 상호 보완이 잘 되는 것 같아요. 저희가 말씀드렸던 머신러닝으로 해결 가능한 문제들의 리스트도 굉장히 효율적인 방식으로 즐겁게 도출했어요. 마치 모두가 필요한 퍼즐 조각들을 갖고 있는 듯한 느낌, 아시죠?"

"그럼요. 아마 다섯 분의 팀원들이 사고하고 인지하는 구조가 업무를 잘하는 메타인지 타입들만 모여 있어서 그럴 거예요. 지난번에 제가 말씀드렸던 메타인지 유형 기억하시죠?"

"네, 그럼요. 아주 흥미로운 주제였어요. 파트너님이 보시기에 저는 어떤 유형의 메타인지 타입인가요?"

"샘은 전형적인 성취자형 메타인지를 활용하지요. 본인 스스로 또는 팀이 할 수 있는 것과 없는 것을 잘 판단하고, 또 할 수 없는 것은 외부에서 금방 조달해요. 그에 따른 계획 수립이나 과정을 거쳐 학습하는 인지도 뛰어나고요."

"그렇다면 이 프로젝트 PM은 어떤 유형으로 보이시나요?"

"샘 생각은 어때요?"

나는 미소와 함께 샘에게 되물었다.

"음… 아마 플레이메이커형 아닐까요?"

"네, 맞아요. 많은 유능한 팀장급들이 플레이메이커형인 경우가 있지요. 지금 CEO급 역할을 하시는 분들이 과거에 한때는 플레이메이커형 메타인지를 주로 활용하셨던 적이 있을 거예요."

"그 말씀은 메타인지 타입이 바뀐다는 뜻인가요?"

"물론이지요. 메타인지 유형은 혈액형이나 타고난 성격처럼 고정적인 게 아니에요. 메타인지는 우리 두뇌에서 표출되는 인지력이니까 훈련을 통해 얼마든지 바뀔 수 있어요."

주요 요소	세부 요소
메타인지적 인식	노왓
	노하우/노와이
	노웬/노웨어
메타인지적 컨트롤	계획
	모니터링
	평가
사회적 메타인지	의도 파악
	인지 흐름 센싱
	반응 예측

"그럼 말씀해주셨던 5개 유형 메타인지를 모두 잘하는 사람도 있을 수 있다는 말씀이신가요?"

"사람마다 IQ에 차이가 있듯이 전체적인 절대적 수준에서 차이가 날 수 있어요. 그리고 모든 메타인지 요소에서 다른 사람보다 뛰어난 기능을 발휘하는 사람이 있을 수 있다고 봅니다. 그러나 결국 그런 뛰어난 사람도 메타인지를 지배하는 특정 촉발요

메타인지 유형별 주요 트리거				
성취자	플레이메이커	버틀러	네트워커	카운슬러
	√	√		
√				√
	√		√	
√		√		
	√			√
√				
			√	
				√
		√	√	

소, 즉 트리거가 존재한다는 가설이 있습니다. 저는 개인적으로
거기에 한 표를 던지는 편이에요."

"아! 메타인지의 세부 요소가 다른 사람보다 뛰어나다 아니다
를 놓고 유형을 구분하는 것이 아니고, 메타인지 요소들 중에서
자기 자신에게 특별히 영향 있는 세부 요소로 메타인지 타입이
결정된다는 말씀이로군요."

"정확합니다. 역시 샘은 성취자형 면모를 늘 보여줍니다."

"제가 생각해도 그런 듯해요. 그런데 저도 빨리 사회적 메타인지를 길러서 버틀러나 네트워커, 카운슬러형으로서의 면모도 좀 갖추고 싶네요."

"그렇게 될 것이라고 믿습니다!"

METACOGNITION

3장

어디에도 없던
메타인지 향상법

메타인지를 잘하는 방법은 있다

메타인지 향상이 어려운 이유

국내에 학습과 관련한 메타인지 개념을 전파해준 컬럼비아대 버나드컬리지 심리학과 리사 손 교수가 수년 전 한 방송에 출연해 메타인지에 대한 강의를 진행했다. 메타인지에 대한 나름의 고민을 계속해오던 때라 강의를 재미있게 시청했는데, 중간의 한 부분은 꽤나 충격적이었다. "그렇다면 메타인지를 어떻게 늘리나요?"라는 질문에 세계적 석학인 리사 손 교수는 "안타깝지만 메타인지를 향상시킬 수 있는 방법은 없습니다."라고 답변하는 게 아닌가. 실제로 국내외 많은 문헌을 찾아봐도 메타인지를 어떻게 하면 향상시킬 수 있다는 딱 부러지는 내용은 없다. 특히 업무와 관련해서는 더욱 그러하다. 왜 그럴까?

우선 메타인지의 범위를 설정하기가 어렵기 때문이다. 앞서 수차례 언급했듯이 메타인지는 자신의 인지 상황에 대한 인지다. '인지에 대한 인지'라는 것은 끝없이 무한한 활동이 되기 쉽다. 예를 들어 다음 주 업무에 대한 계획서를 작성한다고 하자. 다음 주에 진행해야 할 내용을 파악하려면 이달에 진행해야 할 업무 목표에 대한 인지가 있어야 한다. 한 달이 4주 정도인데, 4번에 불과한 주간 계획이 한 달의 업무 방향과 크게 달라지기 어렵기 때문이다. 또한 이달에 진행할 업무인 월간 업무 계획을 제대로 알기 위해서는 반기 또는 분기별 업무 목표에 대한 인지가, 나아가 연간 계획과 목표에 대한 인지가 있어야 한다. 연간 계획을 정확히 이해하려면 회사가 중장기적으로 달성하고자 하는 목표나 비전을 인지해야 한다. 이처럼 메타인지는 본인이 인지한 내용의 상위 개념을 인지하도록 끊임없이 추구하게 된다.

그렇다면 회사의 목표나 비전을 인지하면 메타인지가 완성되는 것일까? 안타깝게도 그렇지 않다. 목표와 비전이 수립된 바탕에는 그 상위 배경이 있을 것이다. 회사가 처한 외부 시장 환경과 조직의 내부 역량 등의 여러 상황에 대한 추가적 인지는 '회사의 목표와 비전에 대한 인지'의 상위 인지가 될 수 있다. 그 상위 맥락을 이해할 수 있게 만들어주기 때문이다.

여기까지만 언급해도 이미 헷갈린다고 반응하는 독자들이 꽤

⚙ 끝이 없는 메타인지

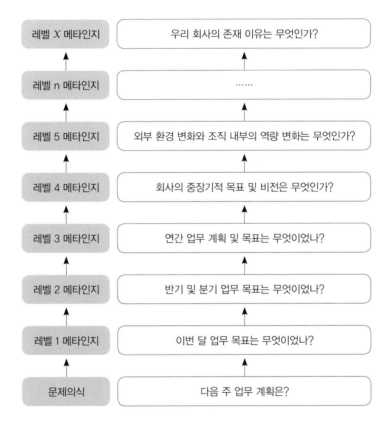

많을 것 같다. 인지에 대한 인지를 계속 진행하면, 상위 인지의 개념은 기업의 존재 이유 또는 창업자의 철학, 나아가 현재 경영진들의 개인적 목표와 두려움으로까지 뻗어나갈 수 있다. 이러한 상위 개념의 인지가 모두 메타인지다. 결론적으로 대체 어디까지 인지할 수 있어야 메타인지가 향상된다고 볼 수 있는지에 대한 판단이 어렵다.

또한 이 판단은 당면한 문제에 따라 준거 기준이 달라진다. 앞의 사례에서만 보더라도 기껏 주간 계획 하나 세우는 데 경영자의 철학까지 들먹인다는 것은 다소 과하다. 그러나 만일 3~5년간의 전략 수립이라면 반드시 필요한 메타인지의 범위일 것이다. 이것이 바로 범위 설정의 문제이며, 메타인지 강화를 어렵게 만드는 첫 번째 이유다.

두 번째 이유는 메타인지에 대한 체계적 평가가 부재한다는 것이다. 어떤 문제든 해결이나 개선을 하려면 문제의 원인을 밝혀야 한다. 마찬가지로 메타인지를 개선하기 위해서는 나의 메타인지 중에 어느 부분에 문제점이 있는지 알아야 한다. 그러나 메타인지 자체에 대한 체계적 평가가 없었기 때문에 무엇을 개선해야 할지조차 파악이 어렵다. 이것이 메타인지 강화가 불가능하다고 이야기하는 또 다른 이유다.

메타인지에 대한 체계적 평가가 없었던 이유는 메타인지를 구성하는 요소들을 구조적으로 분해하고 이들 간의 상호작용을 밝히는 것이 여전히 미지의 영역으로 남아 있기 때문이다. 다만 메타인지의 세부 요소에 대한 부분적인 연구들이 일부 존재한다. 이 책에서 앞서 밝히고 있는 메타인지의 3개 주요 요소와 9개 세부 요소는 그간 메타인지를 연구한 학자들이 조금씩 밝혀왔던 구성 요소들을 필자의 시각에서 종합한 가설적 내용이다. 그럼에도 그간의 경험에 비추어볼 때 업무에서 메타인지를 발휘했던 인물들이 보여준 요소들과 부합하고, 빠진 것이 없다고 판단된다. 따라서 업무 환경에 활용하기에 큰 무리는 없다. 여전히 미지의 영역을 학술적으로 탐구하기에는 부족하지만 나름의 진일보한 의미는 있는 것이다.

업무적 메타인지는 향상 가능하다

위에 언급한 바와 같이 적어도 업무적 메타인지 관점에서는 체계적 평가를 합리적으로 진행할 수 있는 프레임이 있다. 3개의 주요 요소와 9개의 세부 요소별 평가가 그것이다.

메타인지 수준을 평가할 때는 우선 본격적 문제해결 이전에 문제를 대하는 인식을 평가하는 것이 선행된다. 예를 들어 실제 사칙연산을 수행하기 전에 '나는 사칙연산을 평균 이상으로 수행할 수 있는가?'라는 질문에 답변하는 식이다. 사칙연산에 자신 있는 사람들은 '그렇다.'라고 답변할 것이다. 이후 곧바로 사칙연산 문제를 풀게 된다.

'48×12'의 답은 무엇인가?'와 같은 사칙연산 문제를 실제로 풀고, 이에 대한 정답률과 소요 시간 등을 평가할 수 있다. 그다음 단계로 중요한 메타인지 측정은 '방금 푼 문제의 답이 맞았다고 생각하는가?'를 묻는 것이다. 이러한 방식으로 개인의 메타인지적 인식(Metacognitive Awareness) 수준은 충분히 평가될 수 있다.

추가적으로 메타인지적 컨트롤(Metacognitive Control) 및 사회적 메타인지(Social Metacognition)는 시나리오 기반의 평가가 가능하다. 실제로 메타인지 측정을 시도해 이를 기업 채용에 반영하고자 하는 실리콘밸리의 스타트업 등에서 이 방법을 사용한다. 예를 들어 피평가자가 외딴섬에 떨어진 상황을 가정하고, 생존을 위해 필요한 문제해결 상황을 제시한다. 이에 대한 피평가자의 답변을 통해 메타인지의 구성 요소들을 하나씩 평가해가는 식이다.

어떤 경우라도 일단 개괄적 평가가 가능하면 개선 사항은 도출이 가능하다. 또한 메타인지의 수준이 IQ처럼 절대적 수치화가 되기 어렵더라도 메타인지 유형에 따라 상대적 강점 및 취약점을 가진 요소를 확인할 수 있다. 이것이 확인되면 취약점이 있는 요소를 집중 단련하면 된다. 혹시라도 관심이 있는 독자분들은 웹사이트 themetacognition.com에 접속하면 본인의 메타인지 유형에 대한 간략한 테스트를 진행할 수 있다.

어떠한 방식이건 개선 사항이 도출되면 이를 강화할 수 있는 방안도 제시가 가능하다. 통상적 업무 상황에서 관찰되는 메타인지적 개선이 필요한 유형으로는 앞서 메타인지 수준이 높은 사람들의 대척점에 있는 다섯 가지 유형이 대표적이다. 이는 추종자, 구멍, 꼰대, 고문관, 내로남불이었다. 이들의 대표적 문제는 다음과 같이 요약된다.

1. 추종자(Follower): 이 업무를 왜 하는지 모른다.

2. 꼰대(Boomer): 지엽적 경험을 일반화한다.

3. 구멍(Weakest Link): 맥락을 파악하지 못한다.

4. 고문관(Military Advisor): 의도를 파악하지 못한다.

5. 내로남불(Double Standard): 상황 논리에 따라 시각이 바뀐다.

이들의 메타인지 강화를 위한 조언을 하자면 다음 내용 정도가 될 것이다.

1. 업무의 목적을 정의해 왜 이 업무를 진행하는지 알고, 일정한 시각을 가질 수 있는 지향점을 찾는다.

2. 성급한 일반화를 피하기 위해 생각의 논리적 구조화를 연습한다.

3. 맥락 파악을 위해 항상 상위 인지를 인식한다.

4. 상대방의 의도를 생각해보는 습관을 가진다.

위와 같이 일반적 수준에서 메타인지를 강화하는 방법은 있다. 여기서 요점은 결국 업무적 메타인지는 강화할 수 있다는 것이다. 앞서 메타인지 강화가 어려운 이유로 범위 확정의 어려움과 평가 체계 부재로 구체적 개선 사항의 파악이 어렵다는 점을 들었다. 이 중 평가 체계는 업무적 메타인지로 한정할 경우 충분히 합리적 수준에서 평가가 가능하다는 의견을 제시했다.

그렇다면 메타인지의 범위 확정과 관련한 문제는 어떻게 해결해야 할까? 바로 업무의 목적에 대한 정의, 즉 핵심 질문의 정의를 통해 범위를 상당 부분 확정할 수 있다. 필자에게 메타인지 강화를 위해 가장 중요한 한 가지를 꼽으라고 하면 주저 없이 핵심 질문에 대한 정의를 이야기할 것이다. 그렇다면 이제 핵심 질문 정의에 대해 이야기해보도록 하겠다.

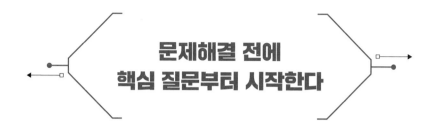

핵심 질문을 정의하라

많은 직장인들이 질문하는 법을 잊었다. 그러나 메타인지를 강화하는 첫걸음은 핵심 질문(Key Question)을 정의하는 연습이다. AI 도입 프로젝트이건 ERP 고도화 프로젝트이건 간에 모든 업무에는 목적이나 지향점이 있어야 한다. 즉 당신의 업무가 추구하는 가치가 무엇인지는 머릿속 어딘가에라도 정의되어 있어야 한다는 말이다. 이는 지극히 상식적인 일임에도 불구하고 많은 사람들이 실천하지 못한다. 그 이유를 물어보면 대부분 업무의 가치와 목적을 정하는 것은 상사나 전략 기획 담당자의 몫이라고 생각한다. 자신은 그저 자기 일을 하면 된다는 답변이었다. 또 시키는 일만 하고 본질적 고민 따위 없이 직장 생활을 하는 것이 더 편하다고 했다.

AI 시대 이전에는 이러한 사고방식이 어느 정도 통용되었다는 점을 필자도 잘 알고 있다. 그러나 AI 시대에는 더 이상 그렇지 않을 것이다. 본질적 고민 없이 그저 일만 하는 것은 AI가 더 경제적인 방식으로 잘할 수 있기 때문이다.

다음은 국내 명문대의 수업 현장에서 발생한 일이다. 강의 첫 시간에 출석부를 든 교수가 강단에 올랐다. 출석을 부르는 대신, 다음과 같이 칠판에 숫자 2를 커다랗게 두 개 적었다.

학생들이 고개를 갸우뚱하는 것에 아랑곳하지 않고, 교수는 출석부 위에서부터 학생을 한 명씩 체크해가면서 질문을 던졌다.

"강○○ 학생, 답이 뭐라고 생각해요?"

교수는 칠판을 손으로 쓱 짚으며 답을 물었다.

"아… 4?"

강○○ 학생이 자신 없는 목소리로 답했다.

"왜 4라고 생각하지요?"

교수는 목소리를 한층 높여 물었다.

"2+2 아니면 2×2가 아닐까 해서 가장 확률 높아 보이는 4를 찍었습니다."

학생들이 키득대기 시작했다.

"설득력 있는 추론이지만 아쉽게도 답은 아닙니다. 다음 고○○ 학생, 왔나요?"

"… 네."

고○○ 학생이 모기만 한 목소리로 대답했다.

"자, 답은 뭐인 것 같아요?"

"22?"

"아닙니다."

출석부에 있는 모든 학생들의 이름이 불렸다. 학생들은 4, 22에서 나아가 0, 202, 오리 두 마리 등 각종 창의적인 답변을 내놓기에 이르렀다. 그러다 결국 마지막 학생은 "잘 모르겠습니다. 죄송합니다!"라며 마무리되었다.

교수는 출석부를 덮으며 말했다.

"일단 출석률은 좋은데, 오늘 칠판에 적힌 두 숫자에 대해 제대로 된 답변을 준 학생은 없었습니다. 제가 기대했던 답변은 '문제가 뭐지요?'였습니다. 많은 학생들이 문제를 정의하는 것을 잊어버립니다. 문제도 정의하지 않은 채 답을 찾으려는 오류를 범하지요. 저와 함께 한 학기 동안 문제를 정의하는 방법을 배워봅시다."

문제 정의가 얼마나 중요한지를 잘 알려주는 사례다. 문제의 정의는 핵심 질문을 던짐으로써 실현된다. 그러나 많은 사람들은 질문 자체를 피하는 경향이 있다.

2010년 9월 서울에서 개최된 서울 G20 정상회의 폐막식에서 오바마 전 미국 대통령이 한국 기자들에게 첫 질문의 기회를 주었다. 첫 질문을 한다는 것은 당시 세계적으로 가장 쟁점이 되는 현안에 대해 세계 최강대국 대통령의 생각을 물을 수 있는 둘도 없는 기회였다. 오바마 전 미국 대통령 입장에서는 개최국에 대한 답례 선물 같은 것이었다. 그러나 그가 몇 차례 질문을 권유해도 그 많은 한국 기자 중 아무도 질문을 하지 않았다.

결국 중국 기자가 나서서 대신 질문하겠다는 것을 오바마 전 미국 대통령이 제지하고, 한국 기자에게 기회를 주겠다고 다시 말했다. 그런데도 여전히 아무도 손을 들지 않는 민망한 상황이 연출되었다. 결국 그 중국 기자가 질문권을 얻었다.

물론 한편으로 생각해보면 미국 대통령을 앞에 두고 자신 있게 질문할 수 있는 일반인이 몇이나 되겠는가? 그러나 미국 대통령을 만날 일이 없는 일반적인 직장의 업무 환경에서는 질문에 대한 부담감 따위는 확실히 떨쳐야 했을 것이다.

문제 정의 훈련법을 이해하라

업무상 발휘될 수 있는 메타인지를 강화하려면 일단 업무의 목적과 범위를 정의하기 위한 질문을 던질 수 있어야 한다. 이것이 업무상 메타인지 강화의 시작점이며, 이를 문제 정의 또는 핵심 질문이라고 한다.

독자들이 실천할 수 있는 방법은 간단하다. 진행하는 업무의 목적이 무엇인가를 생각해보고 이를 한 문장의 핵심 질문으로 정의해보는 것이다. 구체적으로는 다음의 단계를 밟는다.

1. 모든 업무에는 업무가 나오게 된 배경이 있다. 그 배경이 무엇인지 생각해본다.
2. 업무 배경하에 풀어야 하는 문제가 있다. 이것이 무엇인지 생각해본다.
3. 풀어야 하는 문제를 한 줄로 명확히 정의한다.

예를 들어 새로운 공급처를 찾아 공급처 등록, 계약, 최종적인 단가 협상 등을 구매팀에 요청하는 이메일을 보낸다고 하자. 이 경우 업무의 배경은 '더 나은 새 공급처를 찾아서 거래하고자 하나, 회사 정책상 상세 내용 및 계약은 구매팀이 진행하도록 되어 있음' 정도다. 이에 따라 풀어야 하는 문제는 '구매팀에 새로운 구매처의 장점을 알리고 계약 절차가 최대한 빠르게 진행되도록 하는 일'일 것이다. 이를 명확하게 한 줄로 정리하면 '구매 팀에서 빠르게 새로운 공급처와 계약을 체결할 수 있도록 하려면 어떻게 해야 하는가?' 정도가 핵심 질문이 될 수 있다. 이러한 핵심 질문이 정의된 상태에서 작성한 이메일은 누가 봐도 명확할 수밖에 없다.

조금만 더 깊이 들어가보겠다. 핵심 질문을 정의한다는 개념이 이해되었다면, 다음은 핵심 질문을 업무 수요자(많은 경우 업무 지시자 및 상사)의 눈높이에서 점검해보는 단계까지 가볼 수 있다. 쉬운 이해를 위해 코로나19 사태로 해외에서 수입되던 의약품 원재료 수급이 원활하지 않은 상황을 사례로 들어보겠다. 국내 대형 제약사의 업무 담당자는 고위임원으로부터 코로나19 대비 비상 경영안을 수립하라는 지시를 받았다.

일단 이 지시가 나오게 된 대표적인 업무 배경은 원재료 조달이 어려워서, 혹은 전체적으로 의약품 원재료 가격이 상승해서 정도를 생각할 수 있다. 또한 이에 대한 문제 상황으로는 '우리 제약사의 이익이 감소했다'는 것 정도가 될 수 있다. 이 상황에 비상 경영안이라는 것이 없으니 이를 수립하라는 지시가 나온 것이다. 즉 '우리는 지금 무엇을 해야 하는가?'가 먼저 답변되어야 할 핵심 질문이 된다.

만일 업무 수요자가 이미 100억 원 수준의 비용 절감이 필요한 상황임을 인지하고 있다면 핵심 질문은 어떻게 바뀌는지 살펴보자. 일단 업무 배경 자체가 달라진다. 의약품 원재료 가격 상

✿ 업무 배경 및 문제 상황과 업무 수요자의 눈높이에 따른 문제 정의 예시

핵심 질문 정의 과정	업무 수요자(지시자)의 눈높이에 따른 문제 정의			
	1	2	3	4
업무 배경 (Situation)	수급 문제로 의약품 원재료 가격 상승	의약품 원재료가 회사 이익률을 감소시키고 있음	코로나19 사태로 인한 원재료 가격 상승과 이에 따른 이익률 하락으로 100억 원의 비용 절감을 결정	코로나19 사태로 인한 원재료 가격 상승과 이에 따른 이익률 하락으로 100억원의 비용 절감을 결정했으나, 원재료 및 변동비는 절감 불가
문제 상황 (Complication)	회사의 이익률 감소	100억 원 수준의 비용 절감이 필요	원재료 가격 및 변동비는 통제할 수 없음	고정비 절감이 필요
핵심 질문 (Key Question)	무엇을 해야 하는가?	100억 원을 어떻게 절감할 것인가?	다른 어떤 비용을 줄일 수 있는가?	영업 활동에 지장을 주지 않는 선에서 고정비 100억 원 절감이 가능한가?

승이 회사의 이익률을 저하시키고 있다는 것이 업무의 종합적 배경이 된다. 이에 따른 문제 상황은 '100억 원 수준의 비용 절감이 필요하다'는 것이다. 그렇다면 핵심 질문은 '어떻게 100억 원을 절감할지'가 된다. 비상 경영안에도 어떻게 100억 원을 절감해야 하는지에 대한 내용을 상세히 담으면 된다.

그런데 만일 업무 수요자가 100억 원을 절감해야 하는데, 원재료 가격 및 영업 활동에 필요한 변동비를 절감하는 것이 불가능하다는 점을 인지하는 상황이라고 가정하자. 이럴 때는 문제 상황 자체가 '100억 원을 절감해야 하나 원재료 가격 및 변동비 절감이 불가능하다'는 것이다. 이에 따라 핵심 질문은 '다른 어떤 비용을 줄일 수 있는가?'를 물어야 한다. 마찬가지로 '고정비 절감'이 문제 상황이라는 데 업무 수요자가 인식을 같이하고 있는 상황이라면, 핵심 질문은 '영업 활동에 지장을 주지 않는 선에서 고정비 100억 원 절감이 가능한가?'를 따져보아야 한다. 그러면 비상 경영안에는 고정비 100억 원 절감이 가능한 것인지, 가능하다면 어떻게 줄일 수 있으며, 불가능하다면 얼마 정도까지 줄일 수 있는지 등에 대한 내용이 담겨야 한다. 업무 배경 및 문제 상황에 따라 업무의 결과물이 완전히 달라지는 것이다.

메타인지 강화를 위한 훈련의 첫 단계는 이 핵심 질문의 정의를 반복적으로 해보는 것이다. 내가 정의한 핵심 질문이 업무의 핵심을 꿰뚫고 있는지 업무 수요자와 틈만 나면 피드백을 주고받는 것도 큰 도움이 된다.

눈치 빠른 독자라면 핵심 질문의 정의 과정 자체가 메타인지적 인식 및 사회적 메타인지의 대표 요소들과 밀접한 관련이 있다는 것을 알아챘을 것이다. 업무 수요자의 눈높이에서 시작한다는 것은 나와 업무 수요자가 무엇을 알고 있는지 파악하는 능력과 함께, 업무 수요자의 의도 및 인지 흐름을 파악하는 능력을 배양하는 좋은 훈련이 된다. 이러한 이유로 문제 정의 및 핵심 질문을 정의하는 것의 중요성은 이 책 여러 곳에서 강조될 것이다.

이 책의 출간 훨씬 이전부터 문제 정의가 얼마나 중요한지를 강조한 선인들은 많았다. 대표적으로 아인슈타인은 세계 종말에 앞서 세계를 구할 시간이 딱 한 시간 주어진다면 어떻게 하겠느

나는 질문에 다음과 같이 답변했다.

"문제가 무엇인지를 규정하는 데 55분을 쓰고, 해결책을 찾는 데 나머지 5분을 쓰겠습니다."

핵심 질문 또는 문제 정의에 대한 중요성을 강조한 대표적인 일화다.

AI 시대에도 어떠한 문제건 AI가 풀 수 있는 문제로 정의하거나 재구성하는 역량이 무척 중요하다. AI 시대에는 이러한 문제를 정의 또는 재구성하는 역할을 수행하는 사람들이 기업 실무 현장에서 아주 큰 비중을 차지할 것이다. 나머지는 물론 AI로 채워진다.

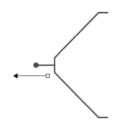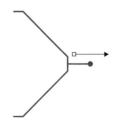

핵심 질문에 대한 답을 정리하라

구조화로 인지를 다듬는다

빌 게이츠는 2019년 2월 온라인 미디어 쿼츠(Quartz)와 기억방법 및 사고법에 대한 짧은 대담을 진행했다. 빌 게이츠의 핵심적 조언은 "만일 당신이 넓은 시각의 프레임워크를 갖고 있다면 거기에 당신이 수집한 정보를 끼워 넣을 수 있으며, 이것이 기억이나 사고에 큰 도움이 된다."라는 것이었다.

앞에서 논의한 핵심 질문을 정의하는 것이 습관화되면, 그다음에는 핵심 질문에 대한 답과 그 구성 요소를 구조화(Structure)해 정리하는 방식으로 메타인지를 강화할 수 있다. 여기서 정리한다는 개념은 빌 게이츠가 이야기한 일종의 자신만의 프레임워크를 만든다는 것이다. 프레임워크는 2×2 매트릭스나 버블 차트같이 복잡할 필요가 전혀 없다. 단순히 번호를 붙여 나열한 간단한 목록이라도 나의 인지가 논리적으로 정리되었다면 훌륭한 프레임워크가 된다. 그리고 이렇게 간단하게나마 프레임워크에 각 개념을 끼워 넣어 정리하는 것을 '구조화'라고 한다.

메타인지 강화 훈련을 위해 통상적으로 추천하는 프레임워크는 트리(Tree) 형태 마인드맵이다. 트리 형태를 아주 단순하고 쉬운 사례로 설명해보겠다. 예를 들어 다른 아시아 국가에 화장품을 수출하고자 하는 기업이 있다고 가정해보자. 핵심 질문으로 '어느 나라에 진출할 것인가?'라는 내용이 먼저 정의되었다면, 그 다음에는 이에 대한 답의 구성 요소를 구조화해 정리해야 한다. 아시아의 대표적인 국가들을 트리 형태로 정리한 예시는 뒤쪽에 나온다.

아시아라는 개념을 구성하는 요소를 중앙아시아, 동아시아, 서남아시아, 동남아시아라는 하위 구성 요소로 쪼개어 구분하고, 이를 다시 각 국가라는 하위 구성 요소로 쪼개어 구성하는 방식이 바로 트리 형태 구조화의 핵심이다.

이러한 트리 형태 구조화는 사고 흐름을 명확하게 표현하면서도 논리적 원칙에 기반해 정리가 진행되고 있는지 확인하기가 용이하다. 또한 방사형으로 표현하는 마인드맵 등에 비해 인지의 레벨을 정리하는 데 유리하다. 예를 들어 한국, 중국 등의 국가에

✿ 트리 형태로 정리한 아시아 대표 국가들

대한 상위 인지는 동아시아, 중앙아시아 등으로 표시된 지역 구분이다. 또한 동아시아, 중앙아시아 등의 지역 구분에 대한 상위 인지가 아시아다. 이처럼 트리 형태 구조화는 인식 정리가 명확하다. 이는 인지의 상위 인지라는 개념의 메타인지 훈련에 대단히 유리한 특성이다. 이런 이유로 트리 형태 구조는 메타인지 강화를 위해 가장 추천되는 프레임워크다.

이때 본인의 인지를 정리하는 데 가장 중요한 원칙으로 잘 알려진 MECE를 빠뜨릴 수 없다. 혹시라도 MECE라는 개념이 익숙하지 않은 독자들을 위해 간략히 설명하자면, MECE는 '미씨'라고 읽으며, 상호 배타적이면서 포괄적(Mutually Exclusive and Collectively Exhaustive)이라는 뜻을 가진 영어 표현의 약자다. 어떤 개념을 구성하는 요소를 정리할 때는 하위 개념이 서로 겹치지 않으면서도 상위 개념의 하부 요소를 포괄적으로 다루도록 정리되어야 한다는 의미다.

MECE의 개념을 설명하기 위한 것이니 극단적으로 간단한 사례를 들어 설명하도록 하겠다. 예를 들어 '대한민국의 의무교육은 무엇이 있는가?'라는 핵심 질문이 있고, 이에 대한 답을 MECE하게 구조화 정리를 하고자 한다. 참고로 대한민국의 법정 의무교육은 초등학교 6년과 중학교 3년이다. 의무교육이라는 개념을 가장 간단하게 구조화 정리하면 다음과 같다.

과정에 따른 분류

의무교육이라는 개념을 간단하게 초등학교 과정과 중학교 과정으로 구분한 예시에서, 초등학교와 중학교는 서로 겹치는 개념이 아니다. 이것이 상호 배타적(Mutually Exclusive)이라는 개념이다. 동시에 초등학교와 중학교를 합치면 전체 의무교육의 전부를 구성하는 개념이 된다. 초등학교와 중학교 이외에는 의무교육에 추가적으로 들어갈 것이 없다. 이것을 포괄적(Collectively Exhaustive)이라고 한다. 이 두 가지 조건을 동시에 충족하도록 정리하는 것이 구조화의 핵심이다.

개념을 MECE하게, 즉 상호 배타적이고 포괄적으로 정리할 수만 있다면, 핵심 질문에 보다 나은 답을 제시하기 위해 다양한 방식으로 구조화 진행이 가능하다. 예를 들어 학년별로도 구분할 수 있다. 이때도 역시 각 학년의 개념은 대상이나 과정, 행정 구분 등이 모두 겹치지 않아야 한다. 또한 의무교육을 포괄해야 한다. 이것이 바로 MECE한 구조화 방식이다.

학년에 따른 분류

생활 속 구조화 훈련을 해보자

메타인지의 향상을 위해서는 지금까지 강조한 바와 같이 핵심 질문을 정의하는 것이 우선이다. 그다음 단계로 정의된 핵심 질문에 대한 답을 구조화해 정리한다.

　구조화 연습을 하는 가장 좋은 방법은 출퇴근길에 보이는 사물의 구성 요소를 구조화 정리해보는 것이다. 손에 쥔 스마트폰을 잠시 주머니에 넣고, 출근 시 20분, 퇴근 시 20분 정도 메타

구조화 정리 연습에 활용할 수 있는 지하철 손잡이

인지를 확장하는 훈련을 해보자. 주 5일 출퇴근길에 진행하는 20분 훈련만으로도 통상적인 직장인 수준에서 빠르면 3주, 길어도 3개월 정도면 구조화 정리에 익숙해질 수 있다. 예를 들어 버스나 지하철을 타고 출퇴근한다면 버스나 지하철에 달린 손잡이를 보고 손잡이의 구성 요소를 구조화 정리하는 것이다.

버스나 지하철 손잡이의 구성 요소를 구조화하는 방법은 여러 가지가 있을 수 있다. 먼저 재료로 구조화 가능하다. 예를 들어 손잡이를 구성하고 있는 플라스틱, PVC 끈, 철제 나사로 구분할 수 있다. 이는 물론 MECE 원칙에 부합한다.

그렇다면 손잡이를 다른 방식으로 구조화할 수 있는 방법은 없을까? 물론 있다. 색깔, 모양, 기능 요소 등 다양한 방식으로 구성 요소를 구분해 구조화할 수 있다.

✿ 지하철 손잡이의 구조화 예시

재료에 따른 구조화

✿ 다양한 방식의 구조화 예시

    이 구조화 예시가 잘된 사례들이라면 손잡이라는 간단한 개념을 구조화 정리하는 데 발생하는 대표적 실수들도 소개해보겠다. 다음의 세 가지 사례가 그것이다.

1. 중복은 없으나 누락이 있는 경우

2. 누락은 없으나 중복이 있는 경우

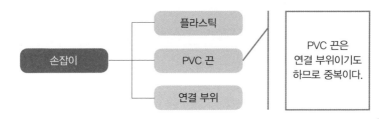

3. 중복과 누락이 모두 발생하는 경우

이러한 구조화 훈련(Structure Drill)은 통상적 개념에 대한 본인의 인지를 정리하는 좋은 연습이다. 이렇게 연습하면 한 단계 깊은 사고와 함께 그 내용에 대한 정리가 가능해진다. 이는 메타인지 향상에 기본적인 요소이기도 하다. 일단 본인의 사고에 대한 정리가 되어야만, 현재 인지 사고 흐름에 대한 의미 있는 상위

인지가 가능하기 때문이다. 만일 그렇지 않다면 본인의 현 인지 상황에 대한 의미 있는 상위 인지라고는 '현재 내 생각은 정리가 되지 않다.'밖에 없지 않겠는가?

다양한 관점과 방식으로 구조화하는 연습은 핵심 질문에 답하기 위해 가장 좋은 구조화 방식을 선택하는 데 큰 도움이 된다. 손잡이 구조화 예시에서 정의된 핵심 질문이 '어떻게 하면 더 튼튼한 손잡이를 만들 수 있을까?'였다고 가정하자. 그렇다면 앞선 예시들 중 색깔에 따른 구조화는 의미가 없다. 같은 재질을 사용한다면 노란색이나 빨간색이나 튼튼함에는 큰 차이가 없기 때문이다. 다른 구조화 정리로는 모양이나 기능 요소에 따라 취약한 구성 요소를 가려내고, 이를 강화하는 방식도 가능할 것이다. 그러나 아마 가장 의미 있는 방식은 더 튼튼한 재료를 활용하는 것이 아닐까 추측해본다. 이 경우 '재료에 따른 구조화'가 손잡이에 대한 가장 의미 있는 인지 방식이 되는 것이다.

만일 핵심 질문이 '원재료 비용을 유지한 상태에서 더 튼튼하게 만들 수는 없을까?'라고 한다면 어떨까? 그렇다면 손잡이의 모양 자체가 더 많은 힘을 받을 수 있도록 디자인을 변경할 필요가 있을 것이다. 이 경우 모양으로 구조화하는 방식이 유효하다.

생각보다 출퇴근 시간에 연습할 수 있는 방법이 많다는 것도 이 내용의 중요한 시사점이었기를 바란다. 향후 대중교통에서 스마트폰을 내려놓고 손잡이를 뚫어져라 쳐다보고 있는 사람이 있다면 혹시 이 책의 독자가 아닐지 반가운 마음이 들 것 같다.

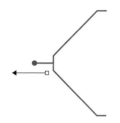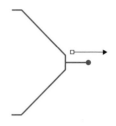

인지 위의 인지를 이해하라

레벨링으로 인지의 수준을 구분한다

핵심 질문 정의, 구조화 다음으로 필요한 메타인지 강화 훈련은 레벨링(Leveling)이라는 연습이다. 가장 간단한 예시였던 '의무교육'으로 돌아가보겠다. 의무교육이라는 개념은 사실 레벨 1(초등학교, 중학교)과 그 하위 요소인 레벨 2(초1학년, … 중3학년)로 2단계 구조화가 가능하다.

이 예시는 MECE 원칙에 부합하는 구조화다. 레벨 2에 명시된 초1학년에서 초6학년까지의 개념은 '초등학교'라는 개념을 완전히 구성하기에 모두 상호 배타적이며, 종합했을 때 초등학교

개념을 빠짐없이 완성하기 때문이다. 중학교 개념 역시 마찬가지로 레벨 2 요소가 구조화되어 있는 상태다.

그런데 만일 누군가 이런 생각을 하면 어떻게 될까?

"초등학교는 교과과정이 중학교 대비 상대적으로 쉬우니까 하나로 합치고, 중학교는 학년별로 구분하는 것이 맞을 것 같아."

이런 생각에 따라 다음과 같은 새로운 구조화가 제시되었다. 실제 기업 실무 현장에서 상당히 흔하게 발생하는 정리 방법이다. 그러나 메타인지의 훈련 방법으로는 오류가 있다.

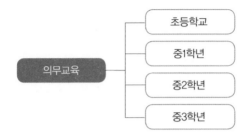

위의 예시에서는 초등학교와 중1학년, 중2학년, 중3학년을
같은 레벨에 놓았다. 전체적으로 보았을 때 MECE 원칙이 지켜
지지 않았다고 볼 수는 없다. 의무교육의 하위로 구성된 네 가지
가 상위 개념을 구성하는 전체 요소라고 볼 수 있으며, 개념상 의
무교육에서 빠지는 요소도 특별히 없기 때문이다.

그러나 이는 분명 메타인지 강화 훈련 목적으로는 적절하지
않은 구조화다. 초등학교라는 종합적 개념과 중1학년, 중2학년,
중3학년이라는 중학교 내 세부적 학년 요소는 논리적 레벨이 서
로 맞지 않기 때문이다. 앞서 이미 소개된 구조화에서처럼 초등
학교에 적절하게 매치되는 논리적 레벨은 중학교다. 만일 중1학
년, 중2학년, 중3학년식으로 구조화가 필요하다면, 초등학교라는
개념도 애초에 '초1학년, 초2학년, 초3학년, …'식으로 구성하는
것이 맞다. 이처럼 구조화할 때 이 논리적 레벨을 같도록 만드는
것이 바로 레벨링이다.

레벨링은 상식선에서 충분히 진행이 가능한 영역이다. 동물

을 구분해 구조화할 경우 '영장류, 조류, 파충류, 명태'라고 구분된 것을 보았을 때 이상함을 느꼈다면 레벨링이 충분히 가능한 역량을 가졌다는 뜻이다. 당연히 명태 대신에 어류라고 적어야 다른 요소들과 논리적 수준이 조화를 이룰 것이다. 또 다른 예를 하나 더 들자면 '한국, 일본, 몽골, 인도, 베이징'이라고 구분된 것을 보고 어색함을 느꼈다면 레벨링이 충분히 가능하다고 볼 수 있다. 모두 국가 이름이 나열되어 있으므로 수도 이름인 베이징을 중국으로 바꿔주는 것이 레벨링이다. 레벨링은 핵심 질문의 정의 이후, 핵심 질문에 대한 답의 개념을 구조화하고, 구조화된 요소들의 논리적 레벨을 다시 한번 검토해봄으로써 연습할 수 있다.

이러한 레벨링은 궁극적으로 핵심 질문을 정의하고 그 답을 구조화 정리하는 과정을 통한 메타인지 강화 훈련에서 꼭 필요하다. 그렇기 때문에 여러 차례 강조되어도 넘치지 않는다. 만일 구조화된 내용의 논리적 레벨이 맞지 않아 상위 인지로 인식되어야 하는 내용이 하위 인지와 같은 수준으로 정리되면 어떻게 되겠는가? 설명할 필요도 없이 인지 위의 인지라는 메타인지를 강화하는 데는 쓸모가 없게 된다. 다시 말해 레벨링은 나의 인지 중에서 상위 인지와 하위 인지를 명확하게 구분해 정리하는 효과가 있다.

레벨링까지 완비되면 그다음은 인지 위의 인지, 즉 하위 인지 위의 상위 인지에 대해 탐험해볼 차례다.

레벨업과 레벨다운을 활용하라

앞에서 언급한 바와 같이 트리 형태 구조화는 하위 인지와 상위
인지의 구분이 용이하기 때문에 메타인지 강화에 도움이 된다.
이에 대한 간단한 사례로 의무교육이라는 개념을 레벨 1의 상위
인지와 레벨 2의 하위 인지로 구분해보았다. 이의 적절한 구현을
위해 레벨링이 반드시 필요함 또한 강조했다.

다음 단계의 메타인지 강화 방법은 트리 형태에서 하위 레벨

⚙ 의무교육에 대한 구조화

의 인지와 상위 레벨의 인지를 상황에 맞게 오르내리는 것이다. 사실 이것이 자유자재로 가능하다면 메타인지는 이미 상당히 높은 수준이라고 볼 수 있다.

더욱 쉬운 이해를 위해 앞서 활용했던 의무교육 예시를 계속 활용해보겠다. 여러분이 '국내 의무교육의 혁신안'을 제시하는 업무를 부여받았다고 가정해보자. 현실에서는 아직까지 아무도 해결책을 찾지 못한 대단히 어려운 업무인 데다 이해를 위한 예시이니 부담 가질 필요는 없다.

업무의 배경은 '입시 위주의 경쟁이 심화되고 있고, 이에 따라 의무교육을 입시 위주에서 전인교육(인간의 모든 자질을 조화롭게 발달시키는 것을 목적으로 하는 교육) 중심으로 바꿔야 한다는 요구가 있다.' 정도가 될 수 있다. 이에 따른 문제 상황은 '국가 예산과 자원이 전체 의무교육 과정 중 1개 학년의 전인교육화 사업을 전개할 수 있는 정도밖에는 없다.'라고 가정해보자. 이 경우 핵심 질문은 '의무교육 과정 중 어디를 먼저 전인교육으로 바꿔야 할까?'라고 정의할 수 있다.

이 핵심 질문에 대한 답은 아마 '중학교 3학년'일 것이다. 그러나 여기서 중요한 것은 이 핵심 질문에 답하기 위해 우리는 레벨 2 수준의 인지 작용을 하고 있다는 것을 인식해야 한다. 의무교육 중에 초등학교와 중학교를 단순하게 구분하는 레벨 1에서는 핵심 질문에 대한 답을 할 수 없다. 그렇기 때문에 레벨 2 수준에서 답을 찾게 되는 인지 과정을 거의 대부분의 사람들이 거친다.

그런데 만일 어떤 사람이 '의무교육의 입시 경쟁 타파는 고등학교부터!'라는 주장을 강하게 펴고 있다고 가정해보자. 여러분이라면 이 주장에 어떻게 답변하겠는가? 여러 답변이 가능하겠지만 합리적 답변 중 하나는 "우리나라에서 고등학교는 의무교육의 범주에 들어가지 않으므로 고등학교는 논외인 듯합니다."라고 이야기해주는 것이다. 이때 역시 중요한 것은 이것이 레벨 1의 인지에서 검토되는 내용임을 인식하는 것이다. 레벨 1 수준에서 의무교육의 개념은 이미 중학교와 초등학교로 한정되어 있지 않은가.

이처럼 주어진 핵심 질문에 따라 어느 수준의 인지를 통해 정의된 문제를 해결할지 결정하는 과정을 레벨업(Level-up) 또는 레벨다운(Level-down)이라고 한다. 레벨업은 위 고등학교 사례처럼 인지의 수준을 올려서 사고하는 것을 의미하며, 반대로 레벨다운은 중학교 3학년 사례와 같이 레벨을 낮추어 사고하는 것을 뜻한다.

기업 업무 현장에서 어떤 쟁점을 다룬 진행안에 대해 임원이 보다 구체적인 내용을 원했던 경험이 한 번씩은 있을 것이다. 여기서 그 임원이 바로 레벨다운해 사고하고 해결책을 찾는 대표적인 경우다. 반대로 사업진행안을 다 들은 임원에게 "그래서 우리가 그 사업을 통해 장기적으로 얻을 수 있는 가치가 무엇인가?" 수준의 철학적 질문을 받아본 경험도 꽤 있을 것이다. 그렇다면 그 임원은 레벨업 상태에서의 고민을 하고 있었던 것이다.

이를 의무교육 사례에 대입하자면 '전인교육 혁신 시범 사업 타깃을 정하기 위해 중3학년을 더 세분화해보라'는 피드백이 있을 수 있다. 그렇다면 중3학년을 지역 등의 별도 기준에 따라 레벨 3으로 구분해야 할 것이다. 이것이 레벨다운이다. 반대로 '근본적 입시 경쟁의 혁신은 의무교육뿐 아니라 고등교육부터 이루어져야 한다'는 시각은 레벨업에 해당한다. 이 경우 '혁신의 대상이 어디인가?'라는 핵심 질문을 상위 레벨에서 다시 구조화하는

작업이 필요하다. 혁신의 대상이 되는 교육 영역을 고등교육, 의무교육, 유아교육으로 구조화해 레벨 1을 만든다는 것이다.

이처럼 구조화된 사고 안에서 인지의 수준을 나누어 인식하는 것은 메타인지 강화에 핵심적인 요소다.

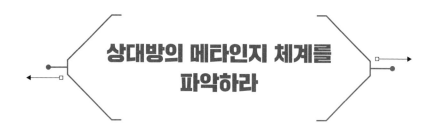

상대방의 메타인지 체계를 파악하라

사회적 메타인지는 상대를 이해하는 번역기다

2013년에 개봉한 영화 〈잡스〉 또는 2016년에 개봉한 영화 〈스티브 잡스〉에서 스티브 잡스는 레벨업 및 레벨다운을 잘 활용하는 것으로 묘사된다. 애플 창업 초기에 많은 공헌을 한 스티브 워즈니악이 스티브 잡스에게 도대체 하는 일이 무엇이냐고 불만을 토로하는 장면이 있다.

"자네는 엔지니어도 아니고 디자이너도 아니야. 당신은 대체 뭘 하는 사람인가? 못 하나 박을 줄 모르지 않나? 회로판은 내가 설계했고, 그래픽 인터페이스는 베껴 온 것이지. 그런데 왜 신문

⚙ 잡스와 워즈니악의 인식 레벨 비교

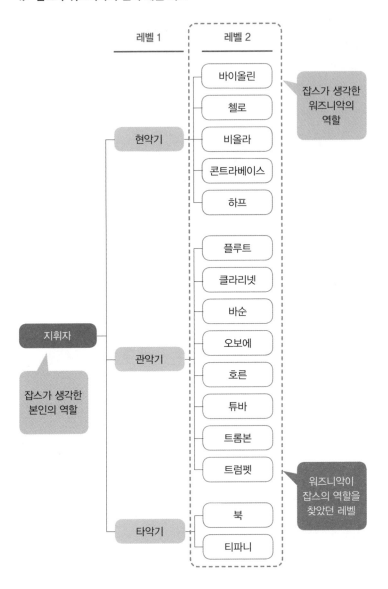

에는 하루에도 열 번씩 스티브 잡스가 천재라는 보도가 나오는 거야?"

이에 대해 잡스는 이렇게 답변한다.

"뮤지션은 악기를 연주하고, 나는 오케스트라를 지휘하는 사람이지."

이를 구조화해보면 잡스와 워즈니악의 인식 차이를 메타인지 개념을 통해 설명할 수 있다. 워즈니악은 레벨 2 수준의 인지에서 스티브 잡스의 역할이 무엇인지를 질문했다. 그러나 잡스는 이에 대한 답변으로 레벨 1 위의 상위 인지, 즉 메타인지적 답변을 주었다. 업무 현장에서도 서로 다른 인지의 레벨을 두고 설왕설래하는 경우가 무척 많이 관찰된다. 이때 상대방이 어느 레벨에서 사고하고 인지하는지를 이해해보는 것은 큰 도움이 된다.

의견 차이가 발생하면 이를 시각 또는 관점이 다르다고 표현하기도 한다. 조금 정교하게 논하자면, 시각 또는 관점이 다른 것은 메타인지적으로 보았을 때는 구조화 방식이 다르다는 뜻에 가깝다. 오케스트라를 구조화한 사례로 돌아가보자. 앞선 예시에서는 악기의 종류로 구조화되어 있다. 그러나 정의되는 문제에 따라서는 이를 오케스트라 구성단원의 경력 연차로 구조화할 수도 있고, 연주를 희망하는 음악으로 구조화할 수도 있다. 이것이 시각이나 관점의 변화다.

예를 들어 오케스트라가 심각한 재정난이 생겨 일시적으로 규모를 줄여야 한다고 가정하자. 어떤 사람은 이 문제를 해결하고자 오케스트라 구성원을 경력 연차로 구분해, 상대적으로 구직이 쉬운 중간 연차의 단원들이 감원 대상이 되어야 한다고 주장할 수 있다. 동시에 어떤 사람은 문제해결을 위해서는 악기별로 구분해 향후 연주 계획상 파트 비중이 적은 악기 연주자를 객원으로 대체해야 한다고 주장할 수 있다. 이것이 시각이나 관점의 차이다.

상대방의 시각과 관점을 이해하는 것은 업무 및 소통 측면에서 많이 강조되어왔다. 같은 맥락에서 상대방의 메타인지 체계를 이해하는 것은 대단히 중요하다. 구체적으로 상대방이 어떤 관점에서 구조화를 진행하고 있으며 어떤 레벨에서 논의를 하고 있는지 아는 것은 메타인지의 중요한 축이다. 이를 사회적 메타인지라고 한다.

AI 시대에 공감은 상대의 핵심 질문을 이해하는 것이다

AI 시대에 공감 능력은 상대방의 인지 구조를 이해할 수 있는 힘이다. 흔히 언급되는 공감이란, 말 그대로 상대방과 같은 감정을 느끼는 것이다. 이를 위해서는 상대방이 가진 전제를 의심하지 않아야 한다. 오래 만난 연인이 결혼 이야기만 꺼내면 피한다고 우울해하는 친구가 있다고 예를 들어보자. 여기서 전통적 공감은 친구의 전제를 있는 그대로 받아들이면서 '만일 너의 연인이 결혼을 원하지 않는다면 결혼을 원하는 너의 심정은 얼마나 우울할지' 이해하는 것에서 시작한다. 한편 메타인지에서는 그 전제에 대해서도 다시 한번 생각해보자고 한다. 이것이 일반적 공감과의 큰 차이다.

테오 엡스타인이라는 유명한 미국 메이저리그 구단 경영자가 있다. 현재는 시카고 컵스 야구단의 단장이다. 엡스타인은 미국 예일대학교를 졸업하고 샌디에이고대학교 로스쿨에서 법학박사 과정을 마쳤다. 엡스타인은 29살이 되던 2002년에 보스턴 레드삭스 구단이 메이저리그 역사상 최연소 제너럴 매니저로 그를 고용하면서 유명세를 탔다. 통상적으로 해당 구단의 선수 스카우트, 트레이드 및 계약을 총괄하는 제너럴 매니저는 경력이 있고 성취가 증명된 사람들이 주로 맡아왔기 때문이다.

엡스타인이 보스턴 레드삭스를 맡은 후 2년이 지나 보스턴 레드삭스는 창단 이후 최초로 월드시리즈를 제패한다. 창단 86년 만의 첫 우승이었다. 이후 엡스타인은 2011년 시카고 컵스로 자리를 옮긴다. 그 뒤 5년이 지나 시카고 컵스는 창단 108년 만에 월드시리즈를 제패했다.

이는 물론 우연이 아니다. 엡스타인은 실무 스카우터들에게 매우 구체적 미션을 부여한 것으로 알려져 있다. 바로 영입 대상 선수의 개인적 문제는 무엇이며, 이 선수가 그 문제에 어떻게 대처하고 있는지 아주 상세한 수준의 보고를 원했다. 선수들이 통상적으로 시달리는 구속 저하나 타격 폼의 변화 같은 경기 내적인 문제뿐만 아니라, 경기장 밖의 사생활 문제도 확인하고, 그에 대한 선수의 대처를 정리해달라는 것이었다.

그들의 보고서에 담긴 정보는 타격률이나 출루율과 같이 측정 가능한 데이터 이외에 각 선수들이 경기장 내외에서 어떻게 문제를 다루고 접근하며 해결하는지에 대한 내용이 더 많은 비중을 차지하게 되었다. 엡스타인이 선수단을 꾸리면서 선수들이 처한 문제와 그 문제에 대한 각 선수들의 대응을 고려한 것은 분명 개별 선수의 메타인지적 특성을 고려한 절차다. 상대방의 사고 및 인지를 파악하는 것이 그 선수의 잠재력과 팀의 시너지를 끌어내는 데 영향을 미치는 것은 어찌 보면 당연하다. 이처럼 상대방의 사고 및 인지 흐름을 이해하고자 노력하는 것이 사회적 메타인지다.

상대방의 사고 및 인지의 관점과 레벨을 파악하는 것은 상대방의 핵심 질문을 이해하는 데서 시작해야 한다. 경영 컨설턴트 시절, RPA(Robotics Process Automation)라는 업무 자동화 프로젝트의 파일럿 프로그램에 대한 제안 발표를 진행했다. RPA는 사실 AI라기보다는 매크로에 가까운 소프트웨어 기반의 업무 자동화 프로그램이다. 예를 들면 엑셀에 기록해놓은 출장 비용 목록을 사내 ERP 시스템에 전부 자동 입력해주고 결제 승인을 위한 리포트까지 자동 생성해준다. 2017년 국내에 처음 도입될 때는 이 자체도 워낙 혁신적이라는 느낌을 주었기 때문에 일부 AI의 옷을 입혀 마케팅이 진행되기도 했다.

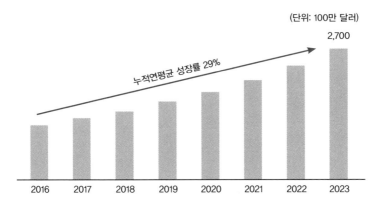

(단위: 100만 달러)

2,700

누적연평균 성장률 29%

2016　2017　2018　2019　2020　2021　2022　2023

출처: Datamation(2020.05.11)

당시도 RPA의 국내 도입 초기였기 때문에 고객사의 환심을 사야 하는 발표였다. 실제 RPA 도입 업무를 미국에서 진행하다 한국으로 건너온 실력자가 직접 엔지니어링을 담당한다는 사실을 대단히 강조했다. 그 실력자의 이력과 경력도 한참 설명했다. 그러나 고객의 반응은 이러했다.

"업무 특성상 금번 파일럿이 성공적으로 완료되면 이후 1년간 본 프로젝트는 여러 곳에서 동시에 진행되어야 하는데, 그럼 그 엔지니어링 실력에 따라가지 못하는 다른 엔지니어들이 배치된 업무 현장은 어떻게 되는 거죠?"

여기서 사회적 메타인지가 부족한 사람들은 다른 엔지니어는 또 얼마나 실력이 있는지 변명하기 시작한다. 분명 제안하는 엔지니어가 비교 대상이 없을 정도로 훌륭하다고 했는데, 다른 사람들도 훌륭하다고 하는 자기모순에 빠지는 것이다. 또는 해당 실력자를 300% 활용하겠다는 비현실적인 공약을 하는 경우도 있다. 그러나 사회적 메타인지를 알고 있는 독자라면 먼저 고객의 핵심 질문을 생각해보는 데서 시작해야 한다.

자, 고객의 핵심 질문을 알겠는가? 핵심 질문은 실력자 엔지니어가 담당할 수 있는 프로젝트의 개수나 다른 엔지니어들의 실력이 아니다. 고객은 '향후 1년간 대형 RPA 프로젝트가 성공적으로 진행될 수 있도록 할 업체가 어디인가?'를 묻고 있을 뿐이다.

그러나 이 RPA 사례에서의 발표자는 시간의 대부분을 본인의 핵심 질문을 해결하기 위한 내용으로 구성했다. 발표자의 핵심 질문은 '이 파일럿 프로그램 제안을 따내기 위해 어필해야 하는 포인트는 무엇인가?'였을 것이다. 이 책을 읽고 있는 여러분은 차이를 금방 알았을 것이라 생각한다. 듣는 사람과 말하는 사람의 핵심 질문이 다른 대표적인 경우다. 물론 고객의 생각을 인지했어야 하는 컨설턴트의 사회적 메타인지가 부족했다.

다시 한번 강조하지만 사회적 메타인지는 상대방의 핵심 질문을 이해하는 것만으로도 많은 효과를 거둘 수 있다. 사실 이런 상황에서는 다음과 같이 상대방의 핵심 질문을 재해석해주는 것만으로도 결과에 긍정적인 도움이 된다.

"네, 지금 주신 질문은 향후 프로젝트가 확대되어 여러 팀이 투입되었을 때를 가정하고 질문하신 것으로 이해됩니다. 이 경우

저희가 소개해드린 훌륭한 엔지니어와 같은 수준으로 다른 엔지니어들도 역량을 끌어올릴 수 있도록 철저한 내부 교육을 시키라는 뜻으로 이해됩니다. 꼭 그렇게 하겠습니다."

물론 이렇게 답변했을 때 더 이상의 반론은 없었다. 상대방의 핵심 질문에 어느 정도 답변이 되었기 때문이다.

사회적 메타인지 강화의 핵심은 딱 두 가지다. 첫째, 상대방의 핵심 질문을 이해하고자 노력하라. 둘째, 핵심 질문의 해결을 위해 접근하는 사고 및 인지의 흐름을 이해하고자 노력하라.

미국 인공지능학회 AAAI(Association for the Advancement of Artificial Intelligence)의 AI 기술 로드맵에 의하면, AI 발전 가능성의 가장 후반부에 위치해 있는 것이 메타인지, 그중에서도 사회적 요인을 파악하는 메타인지다. 사회적 메타인지는 AI 시대에도 오랫동안 인간의 고유 영역으로 남아 있을 것이다.

메타인지 강화 연습

"파트너님은 원래 태어날 때부터 메타인지가 수준 높으셨던 것 같아요."

"절대 그렇지 않아요."

나는 샘의 갑작스러운 언급에 웃으며 답했다.

"파트너님도 메타인지가 어려웠던 적이 있으신가요?"

"물론이죠. 제가 컨설팅 회사에 입사해서 처음 한 일이 시말 서 쓰는 것이라 말씀드리지 않았나요?"

"시말서요? 처음 듣는데요?"

"입사한 지 한 일주일 정도 되는 날이었어요. 제안서 서류를 챙기는 일을 부여받아서 정신없이 준비해 제출했는데, 나중에 보니 제안 가격에 0 하나가 빠져 있었죠."

"상상만으로 오금이 저리네요!"

"그래서 팀 전체가 시말서를 제출했죠. 아직도 그 시말서를 기념으로 갖고 있는데, 제 경력에서는 늘 초심을 기억하는 데 좋은 징표가 되어주었어요."

"근데 제안 가격서는 주니어가 작성하는 게 아니니까 당시 파트너님 잘못은 아니잖아요?"

"지금이라도 제 편을 들어줘서 고맙습니다. 그런데 먼저 알려드렸던 업무적 메타인지 강화 방법을 복기해봅시다. 업무적 메타인지 강화를 위해서는 다음의 다섯 가지 단계를 빠뜨리지 말고 연습해보시라고 했지요."

업무적 메타인지 강화의 5단계
1. 핵심 질문 정의
2. 구조화(MECE)
3. 레벨링
4. 레벨업 & 레벨다운
5. 상대방의 핵심 질문 및 인지 구조 이해

"이 관점에서 보면, 일단 저는 핵심 질문에 대한 정의조차 하지 못했었죠. 시말서감이 맞아요. 사실 이때의 핵심 질문은 '제안 성공을 위해 서류의 내용과 구성이 완비되었는가?'를 물어야 했어요. 저는 그저 정신없이 바쁘게 했던 것 같아요."

"그러네요. 저도 얼마 전까지 그랬기 때문에 정말 공감해요."

"만일 제가 핵심 질문을 잘 정의할 수 있었다면 해야 하는 업무의 리스트가 잘 구조화되었겠죠. 다음과 같이 말이죠."

✿ 제안 성공을 위한 준비 업무 구조화 예시

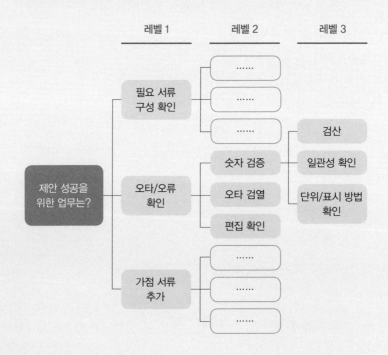

나는 설명을 계속 이어갔다.

"구조화된 내용은 MECE하게 구성되어 있는지, 또한 각 요소별 레벨이 맞는지 봐야 한다고 했지요."

"네, 제가 보기에 업무가 MECE하게 구성되었고 각 레벨링도 잘 되어 있는 것 같은데요. 그렇다면 남은 것은 레벨업 & 레벨다운과 상대방의 핵심 질문을 이해하는 것인가요?"

샘이 말했다.

"맞습니다. 다만 여기서 한 가지 팁을 드리자면, 저는 이 시점에 상대방의 핵심 질문을 먼저 생각해봅니다. 업무의 우선순위를 정하는 데 도움이 되기 때문이지요. 예를 들어 해당 제안에서 가격이 무척 중요한 부분이었고, 상대방, 즉 고객의 핵심 질문이 '수수료가 얼마인가?'였다고 가정합시다. 그렇다면 짧은 시간에 제가 먼저 해야 하는 업무는 레벨 2의 숫자 검증이고, 이것의 상세 내용은 레벨 3에 구조화된 숫자에 대한 검산, 일관성 확인, 단위 및 표시 방법의 확인이겠지요."

"아하! 이런 과정의 연습과 복기를 반복하면 메타인지가 강화되는 것이군요."

"그렇습니다. 최소한 업무적 메타인지는 잘 단련할 수 있을 겁니다."

METACOGNITION

4장

우리 주변에
숨어 있던
메타인지 사례

너 자신을 알라

멘토링은 메타인지를 아웃소싱하는 것이다

과학기술정보통신부가 주도해 AI 전문인력을 양성하는 사업이 최근 활성화되고 있다. 운영의 효과성을 떠나 AI 시대에 확실히 필요한 정책임은 틀림없다. 사업 진행상 흥미로운 점도 있다. 일정 절차를 거쳐 선정된 차세대 AI 인재들이 정부가 지정한 교육기관에서 실무 프로젝트를 진행하는데, 이때 외부 전문가들에게 해당 과정에 대한 멘토링을 받는다는 점이 그것이다. 필자도 멘토 중 1명으로 추천되어 참여해보니, AI의 개발과 도입 과정에 필요한 다양한 멘토링의 필요성을 느낄 수 있었다. 차세대 AI 인재들은 다양한 주제의 실무 프로젝트를 진행하는데, AI를 활용해 기업의 신용도를 자동으로 평가하거나, 우울증 환자들을 위한 자연어처리 기반 챗봇 등의 다양한 AI 응용 과제가 포함되어 있었다. 차세대 AI 인재들의 질문 내용도 기술적인 해결 방법에서부터 AI 분야에서의 진로까지 다양했다.

본인이 충분한 경험이 없거나 고민되는 문제가 있을 때 주변에서 멘토를 찾아 상담하는 것은 흔한 일이다. 업무에 어려움이 있을 때 역시 주변 선배나 상사에게 도움을 요청하기도 한다. 이러한 행위를 메타인지 관점에서는 '메타인지를 아웃소싱'하는 형태로 해석 가능하다. 스스로 자신의 인지 상황에 대한 평가(메타인지적 인식, Metacognitive Awareness)나 개선점 발견(메타인지적 컨트롤, Metacognitive Control)이 쉽지 않을 경우 이를 외부에 위탁하는 것이다. 과거부터 존재했던 책략가, 점술사, 상담사, 교수 등이 바로 개별 인간에게 부족한 메타인지를 보충하기 위한 직업이었다.

인류의 멘토로 유명한 공자, 소크라테스, 플라톤, 손자, 아리스토텔레스, 데카르트, 정약용, 프로이트, 찰스 디킨스, 뉴턴, 칸트, 퇴계 이황, 율곡 이이, 간디, 니체, 쇼펜하우어, 마르크스, 애덤 스미스, 비트겐슈타인 등은 자신의 메타인지가 뛰어났거나 많은 사람들의 메타인지에 도움을 준 사람들이다. 이들이 남긴 여러 기록들이 고전이라는 이름으로 후대에 전해지고, 오랜 기간 동안 여러 교육기관의 교재로 활용되고 있다. 또한 이들과 같이 다른

직업	자동화 가능성
정신건강 및 중독치료 사회복지사	0.3%
작업치료사	0.35%
공인식단 관리사 및 영양사	0.39%
의사	0.42%
성직자	0.81%

영국 〈가디언〉은 AI 시대에 자동화 가능성이 가능 낮은 직업으로 정신건강 및 중독치료 담당 사회복지사와 작업치료사(신체적, 정신적, 사회적 장애를 가진 모든 연령대의 사람에게 인지, 지각, 감각, 운동 능력을 증진시켜 일상 생활 수행이 가능하도록 하는 업무를 수행함)를 꼽았다. 모두 높은 비중으로 멘토링과 유사한 과정이 필요한 직업이다.

출처: 〈가디언〉(옥스퍼드대학교의 'Future of Employment' 연구 재인용)

사람의 메타인지에 도움을 주는 사람에 대한 수요는 앞서 AI 전문인력 양성 사례에서 본 바와 같이 AI 시대에도 계속 존재한다. 이러한 수요가 향후에는 더 증가할 가능성도 충분하다.

고전을 통해 메타인지를 배워야 한다

과거부터 유명했던 멘토들이 남긴 말과 글에서 메타인지의 요소들을 강조한 내용을 쉽게 찾을 수 있다. 소크라테스가 "너 자신을 알라."라고 가르친 것과 공자가 "아는 것을 안다고 하고 모르는 것을 모른다고 할 수 있는 것이 진정 아는 것(知之爲知之 不知爲不知 是知也)"이라고 가르친 것은 메타인지의 핵심 요소 중 하나인 노왓(Know-what)에서 강조하는 내용과 일치한다.

1687년 발간된 뉴턴의 『자연철학의 수학적 원리』는 당연시되는 자연 현상에도 '왜?'를 묻는 메타인지의 노와이(Know-why)에서 시작된 고전 물리학서다. 나무에서 떨어지는 사과를 보고 뉴턴이 '왜?'라는 사유를 통해 만유인력의 법칙을 정리한 것은 아주 유명한 이야기다.

묵자는 때와 장소를 가릴 줄 알아야 하는 것을 강조했으며, 지혜로운 사람은 자신의 능력을 언제 어디서 발휘해야 하는지 안다고 설파했다. 메타인지적 인식의 세 번째 세부 요소인 노웬(Know-when)과 노웨어(Know-where)에 대한 이야기다.

"나는 생각한다. 고로 존재한다."라는 유명한 말로 근대 철학의 서막을 연 데카르트는 직관과 연역을 통한 사고를 강조했다. 데카르트의 '정신지도규칙' 중 제7규칙은 "지식을 완벽하게 하기 위해 계획에 속하는 모든 것을 지속적인 사유로 두루 살피고, 체계적인 프로세스로 파악해야 한다."라고 했다. 메타인지적 컨트롤의 계획(Planning)에 대한 강조로 해석될 수 있다.

장자가 나비가 되어 날아다니는 꿈을 꾸고 나서 잠을 깨니 내가 꿈을 꾸고 나비가 된 것인지, 아니면 나비가 꿈을 꾸고 지금의 내가 되어 있는 것인지에 대한 사유를 했다. 장자는 이처럼 상식적인 사고방식에 의문을 품고 끊임없이 현재의 자신을 돌아보고 개선의 방향을 고민했다. 메타인지적 컨트롤의 모니터링(Monitoring)과 같은 개념이다.

프랜시스 베이컨은 진리에 이르기 위한 단계에서 '가설로부터 새로운 관찰, 실험 결과들을 연역적으로 이끌어낸 뒤, 실제 경험 자료와 비교해서 가설을 정당화'하는 것을 강조했다. 메타인지적 컨트롤의 평가(Evaluation)와 같은 맥락으로, 스스로의 사유와 경험을 통해 시사점과 교훈을 끌어내는 것을 강조한 내용으로 볼 수 있다.

사회적 메타인지 영역에도 인류의 위대한 멘토들이 남긴 개념들을 이용해 설명할 수 있는 부분이 많다. 동양의 대표적 고전인 『손자병법』은 「행군편」을 통해 상대방의 의도를 읽는 것을 강조했다. 사회적 메타인지의 세부 요소인 상대의 의도 파악(Understanding the Intention)과 같은 개념이다.

프로이트는 대화기법을 통해 상대방에 대한 깊은 이해를 추구했으며, 타인의 동기 요소 및 사고를 이해하기 위한 여러 가지 이론을 창안했다. 그야말로 나와 상대 인지 체계의 차이 이해(Sensing the Cognition Process) 및 상대의 반응 예측(Predicting the Reaction)의 아버지라 할 수 있다.

이처럼 고전에서 강조하는 내용들을 잘 소화했던 사람들은 메타인지의 각 요소별 이해도가 높을 가능성이 크다. 이에 따라 약 10여 년 전에는 국내에서 고전 읽기를 강조해 큰 반향을 일으켰던 책도 있다. 인문학 원전을 많이 읽으면 뇌의 인지 구조가 고전 속 위인들이 사고하는 수준으로 발달할 수 있다는 것이 해당 책의 주장이었다. 그러나 강산이 변할 정도의 시간이 흘렀지만 아직 고전 속 위인 수준의 사고력을 갖춘 사람들이 등장했다는 소식을 딱히 듣지는 못했다. 원전을 단순히 읽는 것만으로는 고전이 우리에게 알려주는 메타인지를 충분히 습득하기 어렵기 때문이다. 해당 도서를 비판한 여러 글 중에 기억이 나는 것은 다음과 같다.

"어떤 책을 읽는다는 것은 그 책에 담긴 글의 시대적 배경을 이해하고, 지금의 사회적 상황과 읽는 사람의 입장에 비추어 그 글의 한계점과 문제점을 고찰해보는 것이다."

다시 말해 고전을 집필한 위인들은 당시 시대 상황에서 어떤 핵심 질문을 정의했으며(어떤 문제를 풀려고 했으며), 우리에겐 이에 대한 구조화 접근이 어떠했는지, 그리고 사회적 메타인지의 시각에서 현재의 상황과 매치시켜보는 과정이 필요하다는 것이다. 앞 장에서 설명한 메타인지를 강화하는 방법과 일맥상통하는 방법이라는 것은 독자들도 충분히 눈치챘을 것이라 믿는다.

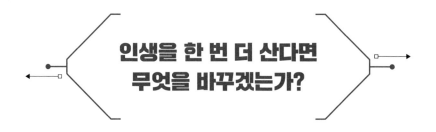

인생을 한 번 더 산다면
무엇을 바꾸겠는가?

이제는 취업에도 메타인지가 필요하다

인생을 살면서 누구나 수많은 의사결정을 내린다. 어떤 결정은 인생에 큰 차이를 만들지 않지만, 어떤 결정은 인생의 현재 모습을 완전히 규정짓기도 한다. 그런데 어느 날, 램프의 요정 지니가 당신 앞에 나타나서 그간 인생의 결정 중 세 가지를 바꿔주겠다고 한다. 이때 여러분은 어떤 결정을 바꿔달라고 할지 쉽게 이야기할 수 있을까?

물론 무엇이든 인생이 걸린 일은 고민이 깊어질 수밖에 없다. 그러니 직장 내 업무로 한정 지어보도록 하자. 이번에는 지니가

지난 경력 중에 세 가지를 바꿔주겠다고 한다. 그렇다면 무엇을 바꾸겠다고 금방 이야기할 수 있는 사람은 얼마나 있을까? 이게 가능하다면 메타인지적 컨트롤과 그 세부 요소들이 상대적으로 발달한 사람일 가능성이 높다.

범위를 더 좁혀서 지난 프로젝트에서 일어난 일 중 세 가지 또는 어제 회의 시간에 벌였던 치열한 언쟁 중 세 가지를 바꿀 수 있다면 어떤가? 구체적으로 생각나는 것이 조금 있을 것이다. 메타인지적 컨트롤의 평가가 업무적으로 잘 작동되며, 늘 '이런 부분은 더 잘할 수 있었을 텐데.' 하며 자기 자신을 발전시키는 타입이다.

경영전략 컨설팅 회사로 유명한 맥킨지 앤드 컴퍼니(McKinsey & Company)는 최근 신입 컨설턴트 채용 과정에서 기존에 진행하던 필기 시험을 없앴다. 과거에는 PST(Problem Solving Test) 등의 이름으로 불리는 논리력과 산술계산력 등을 평가하는 필기 시험이 맥킨지의 문을 두드리는 사람들에게 첫 번째 관문이었다. 그렇다고 서류 심사를 통과한 채용 후보자가 아무런 필터링 없이 면접 단계까지 올 수 있는 것은 아니다. 맥킨지는 바로 메타인지 수준을 테스트하는 새로운 시험을 도입했다.

맥킨지 지원자들은 서류 심사를 통과하면 PC 앞에 앉아 일종의 시뮬레이션 게임에 참여하게 된다. 배경은 외딴 무인도이며, 다양한 식물과 동물이 살고 있는 이 생태계에서 몇 가지 미션을 부여받게 된다. 전염병이 빠르게 퍼지는 상황에서 특정 동물 종

경영전략 컨설팅 회사 맥킨지가 채용에 도입한 메타인지 테스트

출처: McKinsey Problem Solving Game

을 구하는 것이 풀어야 하는 핵심 문제(핵심 질문)로 정의될 수도 있으며, 자연의 현상을 보고 지진, 화산, 해일 등의 재난 중 어떤 것이 닥칠 것인지를 판단해 동물을 대피시켜야 하는 미션도 주어질 수 있다.

이 게임에서 좋은 성과를 내기 위해서는 일단 다양한 게임 요소들에 대한 구조화된 이해가 필수적이다. 예를 들어 전염병 시나리오에서는 전염병이 어떤 질병이며, 어떤 과정으로 질병이 퍼지고 있는지, 어떤 동물들이 전염되는지, 무리를 짓는 동물들에서 나타나는 양상은 무엇인지 등의 요소가 파악되고 구조화되어야 할 것이다. 이를 바탕으로 세운 가설적 해결책을 테스트해 최종적인 솔루션을 찾아내는 것이 게임의 전체적 흐름이다. 산술적 계산은 전혀 필요하지가 않다.

재미있는 것은 데이터다. 지원자들이 60분 동안 2개의 시나리오 안에서 5개 정도의 미션을 수행하게 되는데, 이 과정에서 마우스의 움직임, 답변의 변경, 특정 액션을 수행하는 데 걸리는 시간 등이 모두 기록되어 분석된다고 한다.

업무 지능은 메타인지에서 비롯된다

세계적 컨설팅 회사인 맥킨지는 왜 많은 비용을 들여가며 이런 시험을 도입했을까? 유수의 명문대를 졸업했다고 해서 반드시 업무를 잘하는 것이 아니라는 것은 우리 모두 본인의 경험 또는 여러 경로를 통해 알고 있다. 흔히 '일머리'라고 하는 업무적 지능은 IQ와 큰 관계가 없기 때문이다. 업무적 지능은 순전히 메타인지에서 비롯된다.

앞서 언급한 것처럼 맥킨지는 원래 PST라는 필기 시험을 한두 차례 이름을 바꾸어 오랫동안 유지해왔다. 맥킨지 이외에도 딜로이트 컨설팅 등의 이름 있는 컨설팅사들은 유사한 체계를 도입한 곳이 많다. 이는 매년 회사에 지원하는 수많은 우수 지원자들과 이들의 면접을 담당할 수 있는 면접관의 불균형에 그 첫 번째 이유가 있다. 이상적으로 보자면 지원자들을 모두 불러 일대일 면접을 통해 확인하는 것이 가장 확실하다. 그러면 학력 및 경력에 대한 편향성을 제거하고 정말 문제해결력 및 업무 능력이 우수한 지원자를 걸러내는 것이 가능하다. 그러나 그러기에 면접관 수는 턱없이 부족하며, 면접관 수를 무작정 늘리면 면접관 간에 주관적 심사 기준의 편차가 너무 커지는 문제도 있다.

따라서 이에 대한 보완책으로 면접관들이 공통적으로 질문할 만한 내용이나 단답식으로 답변이 가능한 내용들은 필기 시험으로 대체하는 방법이 있다. 이를 통해 면접에서 잘할 수 있는 사람을 한 번 더 필터링하는 것이다. 예를 들면 기본적 산술 연산 문제 등은 꼭 사람이 대면 상태에서 물어보지 않아도 된다.

실제 필자의 경험으로 볼 때 매년 수많은 이력서를 받아 거르는 과정에서, 사실은 큰 잠재력을 가진 지원자들이 탈락하는 오류가 일부 발생하는 것이 사실이다. 앞서 논의한 여러 방식의 필기 시험을 통해 이런 오류를 줄일 수 있다.

그러나 문제는 필기 시험 자체도 편향성을 드러낸다는 것이다. 다년간 자리 잡은 필기 시험은 익숙하고 빠른 필기 문제 풀이가 가능한 지원자에게 유리한 환경을 만들어주었으며, 컨설팅 입사 시험도 단기간 족집게식 연습과 준비가 가능하다는 믿음을 주었다. 이에 따라 컨설팅사들은 보다 창의적으로 지원자들의 진짜 업무 지능을 파악하기 위해 많은 시도를 하고 있다. 앞서 소개한 맥킨지의 인지 능력 시뮬레이션 테스트가 대표적인 사례다. 해당 시뮬레이션 테스트의 개발사인 임벨루스(Imbellus)는 기본적으로 이 시뮬레이션 게임이 지원자의 인지 능력, 판단력, 상황 파악력, 논리적 사고, 메타인지를 테스트한다고 밝히고 있다.

앞의 사례가 면접에서 잘할 수 있는 지원자를 최대한 걸러서 면접관의 부담을 줄여주는 것이 목표라면, 실제 면접에서는 지원자의 메타인지가 본격적으로 테스트되는 것이 정석이다. 대부분의 컨설팅사는 케이스 인터뷰(Case Interview)라는 형식을 통해 지원자의 문제해결력과 메타인지를 평가한다. 케이스 인터뷰는 실제 비즈니스 상황에서 자주 접하는 문제 상황을 주고 이를 어떻게 풀어서 전개해가는지를 관찰하고 소통하는 방식이다. 대부분 면접관이 상호 소개 및 잠깐의 아이스 브레이킹을 마친 뒤 곧바로 케이스를 제시한다. 면접에서 아주 우수한 평가를 받았던 지원자의 예를 들면 이런 식이다.

면접관: 고객사인 제약회사의 순이익이 작년 대비 15% 급감하고 있습니다. 무엇이 문제이고 이를 어떻게 해결할 수 있을까요?

이런 케이스를 제시받은 지원자는 먼저 문제를 정의하기 위해 질문하며 정보를 수집한다. 면접관도 질문에 대한 답변을 되도록 해주고, 동시에 왜 그런 질문을 던지는지 물어보기도 한다. 지원자의 효율적인 사고 흐름을 파악하고 평가하기 위함이다. 예를 들면 지원자는 이런 형태의 질문을 많이 던진다.

지원자: 작년 대비 제약회사의 매출과 비용 구조에 어떤 변화가 있었는지 여쭤봐도 될까요?

면접관: 네, 물론입니다만, 그건 왜 물어보신 것인지 질문해도 될까요?

지원자: 네, 일단 순이익이라는 것은 간단히 말해서 매출에서 비용을 뺀 개념이기 때문에, 매출의 증감과 비용의 증감이 순이익의 감소에 분명 영향을 주기 때문입니다.

이 답변을 통해 지원자가 문제를 정의하기 위해 효율적으로 범위를 좁히고 있다는 사실을 알 수 있다. 이후 면접관은 "매출은 그대로였는데, 비용 중 재료비가 큰 폭으로 증가했습니다." 정도의 추가 정보를 전달했다.

지원자: 그 밖의 다른 변화는 없는 것인가요?

(문제 정의를 위해 원인의 폭을 좁혀가면서 MECE함을 확인하는 질문을 지원자가 던진 것이다.)

면접관: 재고비용이 감소하기는 했습니다만, 재료비의 증가 폭에 비하면 미미합니다.

지원자: 재료비는 왜 큰 폭으로 증가했으며, 재고비용은 왜 감소했나요?

면접관: 코로나19 사태로 인한 원재료 수입 차질 때문입니다.

대화를 이어간 지원자는 원재료 조달 방식의 다변화를 꾀할 수 있는 옵션들을 구조화해 제시하고, 이 중 면접관이 이미 생각했을 듯한 옵션은 우선순위를 뒤로 돌려놓기까지 했다. 이런 사람들이 일머리가 분명 있느냐고 묻는다면 필자는 매우 그렇다고 답변한다.

나아가 컨설팅사의 채용 과정이 늘 성공적인 것은 아니지 않느냐는 반론이 있을 때면, 필자는 해당 면접 과정에서 지원자의 메타인지를 확인하는 과정이 충분하지 않았기 때문이라고 설명한다. 모든 면접관이 수준 높은 메타인지로 지원자의 잠재력을 알아볼 수 있는 것은 아니기 때문이다.

메타인지를
습관화한다

엑스맨은 괴물이 되고 싶었다

컨설팅 회사 이외에도 메타인지 강화와 습관화를 체계적 과정으로 구축한 곳은 우리 주변 곳곳에 있다. 로스쿨에서의 수업과 로펌에서의 트레이닝 방식도 메타인지를 습관화하는 데 큰 도움이된다. 이른바 사건의 쟁점 파악(Issue Spotting) 후 이에 대한 법리를 구조화하는 방식이다. 필자는 이것이 그간 법조계 출신의많은 인사들을 사회 곳곳의 리더가 될 수 있도록 이끈 훈련 방식이라고 믿는다.

만화와 영화 등으로 알려진 엑스맨의 판권을 보유한 마블 사는 울버린 등으로 구성된 엑스맨이 사람이 아닌 괴물이라는 입장으로 6년간 법정 다툼을 벌여 미 연방국제무역법원에서 2003년 최종 승소했다. 이로써 울버린은 사람의 형상을 하고 있기는 하나, 미 사법부가 인정한 괴물이 되었다.

이 법정 공방의 배경에는 엑스맨 피규어 및 장난감의 판매 수익이 있었다. 대부분의 회사들과 마찬가지로 마블도 중국에 위치한 인형 공장에서 장난감 인형을 위탁 생산하고 이를 미국으로 수입해 판매하는 구조로 운영하고 있었다. 이때 엑스맨 장난감은 바비 인형과 같은 사람 인형으로 분류되어 12%의 수입 관세를 적용받았다. 그런데 같은 시기에 사람이 아닌 장난감은 6.8%의 낮은 관세가 적용되고 있다는 사실을 마블이 알게 되었다. 이에 따라 엑스맨이 사람이 아닌 장난감으로 분류되어 더 낮은 관세를 적용받아야 한다고 주장하기에 이른 것이다.

마블의 핵심 주장은 이러하다. 엑스맨은 인간이라고 보기에 외형적 측면이 사람과 다르며, 기능적 측면에서도 사람과 다르다. 울버린의 손에서 나오는 쇠손톱이나 그의 동료들이 지닌 촉수, 날개, 로봇 팔다리 등의 요소들은 사람이 가질 수 있는 것이 아니다. 또한 기능적으로도 불이나 폭풍을 다루며, 신체가 재생되고, 투시력이나 원거리 관찰이 가능한 안구 등은 인간과 다른 요소다. 다른 유사 사례를 봐도 엑스맨은 사람으로 분류해 관세를 부과하면 안 된다는 주장이다. 예를 들어 천사나 악마가 사람의 형상을 하고 있으나 사람이 아닌 것처럼 말이다.

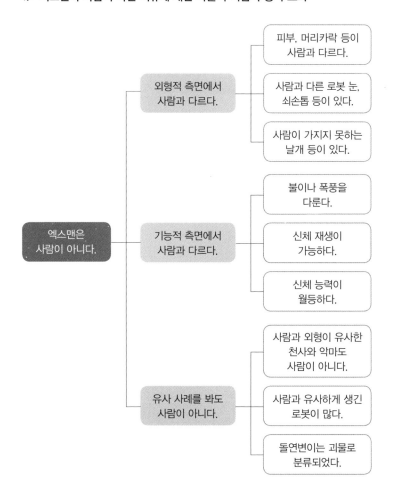

반면 피고였던 관세 당국은 마블의 장난감이 사람이라고 보았다. 일단 머리, 눈, 코, 입, 머리카락, 팔, 다리, 근육 등의 요소들이 사람의 구성 요소라는 것이다. 또한 장난감의 사용과 활용 측면에서도 사람의 움직임과 같은 동작을 보인다고 주장했다. 그

밖에도 옷을 입고 무기 등을 장착하는 것이 사람의 행위와 같다고 했다. 결정적으로 엑스맨이 나오는 만화 또는 영화를 보면 엑스맨이 인간 사회의 특성인 성별, 장애, 국적에 대한 인식을 보유하고 있다는 것을 중요 근거로 제시했다.

다소 가볍게 보일 수 있는 이 사례는 실제로 상당히 심각하게 법정 다툼을 벌인 문제였다. 그도 그럴 것이 엑스맨이 사람이 아닌 인형으로 분류되는 순간, 마블의 장난감 판매 자회사의 순이익이 급격히 개선될 수 있었기 때문이다. 이의 승소를 위해 마블의 변호사들이 어떤 노력을 했을지 잠시 상상해보면 좋을 것 같다. 엑스맨을 증인으로 부를 수 있는 것도 아니요, 엑스맨 전문가가 법정에 나와 전문 의견을 피력할 수 있는 것도 아니다. 오로지 메타인지에 기반한 사고력만으로 논리를 이끌어가야 한다.

습관화된 메타인지가 엑스맨을 괴물로 만들어주었다

컨설팅 회사에 근무하던 당시, 한 컨설턴트가 연인에 대한 프로포즈 내용을 분석 리포트로 작성해 큰 웃음을 주었다. '내가 당신을 얼마나 사랑하는지'를 여러 분석적 기법을 활용해 표현한 것이다. 맨 뒷장에는 그 보고서를 연인에게 이메일로 보낸 후 받은 회신도 붙어 있었는데, "우리 그만 만나요."가 연인의 답신이었던 것으로 기억한다. 물론 농담으로 구성된 내용이지만, 실제였다면 무엇이든 분석하려는 컨설턴트들의 직업병이 제대로 화근을 불러일으킨 사례가 되었을 것이다.

마찬가지로 의대에서 수학하던 친구들이 생선구이를 먹으면서 생선 살을 해부학적으로 발라내자고 젓가락을 동원해 해부 흉내를 내거나, 로스쿨 재학 중에 인연을 만나 결혼식을 올리면서 성혼 서약을 대신해 Terms & Condition(거래 조건)에 합의한다고 말하며 장난을 치는 경우도 보았다.

모두 직업적으로 고도의 훈련을 필요로 하는 사람들이 전문 기법을 습관화하는 방식의 일환이라고 본다. 한 분야에 몰입한 사람은 무엇을 보건, 본인의 관심 분야 프레임으로 해석하는 경우를 본 적이 있을 것이다.

앞서 제시한 엑스맨 관련 법정 사례는 로스쿨 훈련 과정에서부터 끊임없이 메타인지를 습관화한 변호사들이 절대적으로 유리할 것이다. 산업에 대한 전문성 등 다른 판단 근거가 없이 오로지 논리와 판례에 따른 법리 해석으로 재판이 진행되어야 하기 때문이다. 이러한 케이스의 문제해결을 위해 대부분의 로스쿨 교육에서는 다음의 방식으로 메타인지 향상을 습관화한다.

첫째, 끊임없이 문제 정의를 요구한다. 케이스를 읽고 이 사건의 이슈가 무엇인가, 쟁점이 무엇인가를 늘 묻는다. 이를 케이스 브리프(Case Brief)상 이슈 스포팅(Issue Spotting)이라고도 부르며, 모든 케이스에는 꼭 따라붙는 질문이다.

둘째, 사실관계를 구조화해 정리하도록 한다. 이른바 팩트

(Fact)가 쟁점과 관련된 부분만 일목요연하게 정리가 되어야 한다는 것이다.

셋째, 소크라테스식 질문을 통해 위 두 가지를 가지고 상대방을 설득하는 연습을 시킨다. 즉 상대방(대부분 판사)의 관점과 사고 흐름에 따라 이를 설명하도록 한다. 학생들의 주장에 계속해서 반박과 질문을 던지는 것이다. 예를 들어 앞선 엑스맨 사례는 실제 법학 수업에서 토론의 주제로 등장해, 학생들이 한참을 사람이냐 괴물이냐를 놓고 언쟁했던 내용이다.

한국과 미국 모두 로스쿨 교육은 보통 3년 과정으로 구성되어 있다. 3년간 하루에 2개에서 4개의 케이스를 읽고 문제를 정의하며, 이에 대한 사실관계를 구조화하고, 설득하는 연습을 하면 메타인지는 어느 정도 충분히 습관화될 것으로 믿는다. 물론 로스쿨에서 공부하지 않았고, 향후에도 진학할 계획이 없는 일반 직장인들도 매 업무에 대해 이러한 사고방식을 연습하고 습관화하면 로스쿨을 나온 사람 못지않은 메타인지를 갖게 된다. 로스쿨 훈련 과정의 시사점만 잘 가져와도 이미 많은 도움이 되는 것이다.

결국 엑스맨 사례를 법원에서 어떻게 판결했는지를 소개하고 이 챕터를 마무리하겠다. 엑스맨 케이스의 재판부는 마블과 관세 당국 양측의 주장 및 마블에서 위탁 생산 후 수입하는 다른 장난감을 포함한 여러 케이스를 비교 검토한 후, 다음과 같이 판시했다. 해당 내용을 간략히 요약한다.

엑스맨은 사람이 아닌 장난감으로 분류되어야 한다. 그 이유는 다음과 같다. 첫째, 엑스맨의 캐릭터가 모두 최소 1개 이상의 비인간적 요소를 갖추고 있다. 손에서 쇠손톱이 나오거나 원거리를 볼 수 있는 로봇 눈 같은 것이 대표적이다. 둘째, 많은 사용자들이 엑스맨을 인간보다는 돌연변이로 인식하고 있다. 또한 불이나 폭풍우를 다룰 수 있는 능력을 보유한 것은 이들이 사람과 유사한 외적 형상을 가졌다는 이유로 사람이라고 명확히 분류할 수 없게 만든다. 예를 들어 천사나 악마 모양의 장난감도 사람의 형상을 가졌으나 사람이 아닌 인형으로 분류되고 있다. 셋째, 마블이 엑스맨 장난감을 돌연변이로 마케팅해 판매하고 있다. 의도 자체가 사람 인형을 판매하려 하지 않았다는 것이 드러난다. 넷째, 다른 유사 사례들을 봤을 때 외적 요소나 기능적 유사성만으로 사람 인형으로 분류하지 않았다.

위의 판결로 인해 엑스맨은 괴물로 공식 인정받아, 사람 인형에 부과되는 12% 관세가 아닌 괴물 인형 관세 6.8%를 적용받았다. 마블의 장난감 판매 자회사의 순이익은 5% 향상되었다. 그러나 엑스맨 캐릭터들의 인간적 면모를 좋아했던 팬들은 엑스맨의 인간성을 공식 부인함으로써 동심을 파괴한 것에 대한 배신감으로 오랫동안 마블을 비난했다. 결과적으로 마블은 단기적 이익을 걸고 법정 다툼을 벌이기 위한 메타인지는 뛰어났으나, 장기적 브랜드와 팬층 확보에 대한 효과를 미처 메타인지하지 못한 것이 되었다. 메타인지가 뛰어난 것인지 아닌지 아이러니하다.

메타인지로
회의를 주도하다

가벼운 미팅에도 메타인지는 필요하다

직장인들은 미팅이 많다. 대기업일수록 글로벌 사업을 할수록 이런 경향은 강해진다. 또한 직급이 책임자급으로 올라갈수록 참석해야 하는 미팅은 더욱 많아진다. 상황이 이렇다 보니 경영 컨설턴트 시절에 만났던 한 고객사 팀장은 "미팅 참석하는 게 제 직업 같아요."라는 푸념을 하기도 했다. 상당히 공감되는 말이었기 때문에 이 말이 오래 기억되었다.

미팅이 많으면 회의 참석 자체가 관성화된다. 아주 중요한 회의가 아니라면 정확한 목적도 모른 채 일정표에 따라 그냥 참석

⚙ **직장인의 일주일 평균 회의 빈도**

일주일 평균 2.2회

영업직

사무직,
전문직

생산직

2.9회   2.3회   1.6회

출처: 디지털조선일보(2019.06.03)

하는 것이다. 참석해서는 논의 내용에 따라 내 업무와 관련된 부분이 나오면 귀 기울여 듣고 그렇지 않으면 그냥 조용히 앉아 있다가 나온다. 필자가 관찰했던 많은 직장인들의 모습이다. AI 시대에는 이런 모습이 많이 없어지길 기대해본다.

　미팅에서 논의된 내용에 대한 회의록을 자동으로 작성해주는 AI는 이미 상용화되었다. 대표적으로 지난 2019년 시스코(Cisco)에 인수된 보이시아(Voicea)라는 업체가 개발한 '에바(EVA, Enterprise Voice Assistant)'가 있다. 작동법도 아주 간단하다. 스마트폰에 애플리케이션(앱)을 깔고 에바를 초대하면 끝이다. 그럼 에바는 회의 내용을 음성인식 기술을 이용해 모두 받아적고 보기 좋은 회의록으로 만들어준다. 에바는 현재 말하는 사람을 분별하는 기능, 실시간 번역 및 자막 기능까지 가능하다. 이후에는 특정 주제가 언급되면 이를 실시간으로 해당 업무 담당자에게 이메일로 전송하는 기능이 고려되고 있다. 그렇게 되면 기계적으로 회의에 참석하는 직장인들은 이제 회의에 초대조차 되지 않을 수 있다. 자기 업무에 필요한 언급이 나오는지 확인하러 관성적으로 회의를 가던 사람들은 더욱 그럴 것이다.

미팅이 전투인지 모르는 사람은 회사가 전쟁 중인 것도 모른다

필자는 컨설팅 경력에서 큰 변곡점을 세 번 겪었는데, 그중 하나가 미국에서 근무하며 경험한 일이다. 2008년부터 2009년까지는 리먼 브라더스발(發) 금융위기로 전 세계가 휘청거렸다. 필자가 근무하던 컨설팅 회사의 미국 본사도 대규모 감원을 할 수밖에 없었는데, 문제는 2010년 이후에 찾아왔다.

생각보다 경제가 빠른 속도로 회복해 일감은 넘치는데 인력이 모자란 것이었다. MBA 졸업생을 있는 대로 채용해도 그 인력 수요를 감당하지 못해 각국의 글로벌 지사에서 인력을 채용하기 시작했다. 회사의 철학과 방침을 잘 이해하고 있으니 즉시 전력감이 될 수 있다는 판단이었을 것이다. 필자는 운 좋게 그 기회를 잡았다. 토종 한국인으로서 미국인 고객들을 대상으로 전략 컨설팅 서비스를 제공할 기회는 쉽게 오는 것이 아니었다. 물론 안 되는 영어로 피나는 노력을 해서 미국 컨설팅 회사의 문화에 겨우

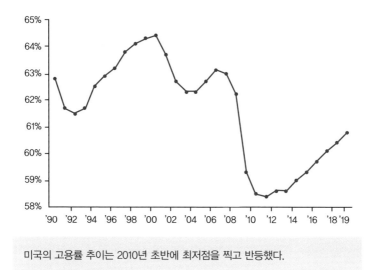

☼ 미국의 고용률

미국의 고용률 추이는 2010년 초반에 최저점을 찍고 반등했다.

출처: Statista, 'Employment rate in the United States from 1990 to 2019'

적응했다. 이후 1년 반 정도가 지나고 좋은 평가를 받아, 한국인 으로서는 매우 드물게 미국 전략 컨설팅 회사에서 팀장으로 승 진하게 되었다.

미국에서는 팀장 승진을 한 모든 인력들이 한곳에 모여 교육 을 받게 되는데, 그 교육의 강도가 만만치 않았다. 특히 '미팅 전 략'과 관련한 부분은 필자의 인생을 바꾼 것 중 하나였다. 파란 눈의 선배 팀장이 연단에 올라 승진자 한 명 한 명을 천천히 바 라보며 이야기했다.

"만약에, 아주 만약이라도 여러분이 그냥 가서 'Say Hello' 하고 올 수 있는 미팅이 있다는 생각이 들거든, 당신의 커리어는 끝.났.다.고. 생각하시기 바랍니다."

그러고는 차분히 말을 이어갔다.

"컨설턴트든 변호사든 그냥 회사원이든 직장을 다니는 사람에겐 모든 회의가 전투입니다. 미팅이 전투라고 느끼지 못하는 사람은 당신의 회사가 전쟁을 하고 있다는 것을 인지하지 못하는 사람입니다."

필자는 많은 경우 하루에 7~8개의 미팅에 참석하기도 했다. 그러나 미국에서 받았던 미팅 전략 교육 이후, 미팅에 참석할 때는 늘 아주 잠깐이라도 메타인지를 최대한 동원해 다섯 가지의 질문을 스스로에게 던져본다. 그 내용은 다음과 같다.

1. **메타인지적 인식 – 노와이:** 미팅을 참석하는 것이 목표가 아니다. 이 미팅이 소집된 이유를 상위 인지에서 생각해본다.
2. **메타인지적 인식 – 노왓:** 이 미팅에 대해 내가 이미 아는 것과, 가서 확인해야 하는 것이 무엇인지를 생각하고 간략히 메모한다.
3. **메타인지적 인식 – 노웬 & 노웨어:** 이 회의를 둘러싼 회사 내 이슈가 있는지 생각하고, 현재 쟁점이 되고 있는 부분이 언급되면 나는 어떤 입장을 취할지 잠시 생각해본다.
4. **사회적 메타인지 – 상대방의 의도 파악하기:** 이 회의에는 누가 들어오는지, 그 사람들의 관심사는 무엇인지 생각해본다.

5. **사회적 메타인지 - 상대방의 반응 예측하기:** 회의 참석자들이 쟁점에 대해 어떤 반응을 보일지 잠시 생각해본다.

이러한 간단한 연습은 필자의 경력에 큰 도움이 되었다. 회사 내부적으로 진행되는 미팅은 말할 것도 없고, 고객사의 최고 의사결정권자들과 진행하는 민감한 회의에서도 이러한 준비는 늘 유효했다. 대부분의 경우 회의에서 다루어지는 쟁점에 대해 당황하지 않고 필자의 입장을 표현할 수 있게 되다 보니 전문가로서 인식되는 장점이 있었다.

나아가 이러한 연습이 흔히 컨설팅 업계에서 이야기하는 대고객 리더십(Client Leadership)을 향상하는 원칙과도 일맥상통한다는 사실을 나중에 깨닫게 되었다. 이름 있는 글로벌 컨설팅사들은 대부분 대고객 리더십을 컨설턴트의 최고 덕목으로 꼽는다. 그러나 이를 어떻게 하면 향상시킬 수 있는지 명확하게 알려주는 곳은 많지 않다.

이에 대해 필자는 다음의 세 가지 원칙을 제시해 후배들에게 도움을 주고자 했다.

1. 항상 토픽에 대해 한발 앞서 생각한다.
2. 생각한 내용을 구조화한다.
3. 구조화한 내용을 적절한 타이밍에 전문적인 방식으로 커뮤니케이션 한다.

경험상 위 세 가지 원칙이 지켜졌을 때 그 컨설턴트를 신뢰하지 않는 고객은 없었다. 위와 같은 모습을 지속적으로 보여주는 컨설턴트가 있을 때 고객은 콘텐츠에 대한 동의, 부동의 여부를 떠나, 일단 해당 컨설턴트를 전문가로서 신뢰하게 되는 것이다. 이는 비단 컨설팅 업계에만 적용되지는 않는다. 일반 기업체에 근무하는 사람들도 늘 고객이 존재할 것이다. 그것이 상사 같은 내부 고객이든, 외부에서 실제 재화나 서비스를 구매해주는 고객이든 말이다. 앞선 세 가지 원칙은 여러분의 고객에 대한 리더십을 키우기 위해 충분히 쉽게 활용해볼 수 있는 내용이다.

여기서 중요한 것은 대고객 리더십 향상을 위한 세 가지 원칙조차 메타인지의 범주에 정확히 들어맞는다는 것이다. 당연히 앞서 소개했던 미팅 준비를 위한 다섯 가지 질문과도 일맥상통할 수밖에 없다. 메타인지라는 본류에서 나온 원칙들이기 때문이다.

먹을 때도 메타인지를 생각한다

메타인지가 뛰어난 사람이 구루다

인도에서 선생을 뜻하는 '구루(Guru)'라는 단어는 한 분야에서 널리 인정받는 경험과 전문성을 쌓은 대가를 뜻하는 말로 많이 쓰인다. 물론 구루는 해당 분야에서 탁월한 메타인지를 가진 사람일 것이다.

최근 국내 유명인들 중 메타인지가 가장 뛰어난 사람이 누구인 것 같느냐는 질문을 받은 적이 있다. 이에 망설임 없이 백종원 대표를 꼽았다. 〈골목식당〉 등의 인기 프로그램뿐만 아니라 다양한 음식 및 요리 관련 프로그램에 출연해 그가 보여준 모습은 외식업 분야 구루의 모습이 확실하다. 예를 들어 타코야키 한 알을 시식해본 뒤, 그 안에 들어간 재료가 문어가 아니라 동태평양에서 잡히는 대왕오징어(정확한 명칭은 훔볼트오징어이며 가문어라고도 한다.)임을 단번에 눈치챌 정도다. 다양한 식재료의 원산지 및 조리 방법과 역사적 배경까지도 줄줄 설명하는 모습도 자주 보여주었다. 식당의 운영과 관련한 부분도 마찬가지다. CCTV에 찍힌 모습을 잠시 관찰하고 위생 상태가 어떠한지, 손님 응대 시 문제는 무엇인지를 금방 집어내고 솔루션을 제시한다.

골목 상권에서 식당을 운영하는 사장들에게는 새로운 메뉴를 권하기보다는, 기존의 메뉴 중 핵심에 집중하도록 가짓수를 줄이고 레시피를 보완해주는 장면은 특히 백미다. 시식 후에 메뉴의 레시피를 어떻게 바꾸면 되는지가 명쾌하게 제시되기 때문이다. 이는 보통의 경험과 노력으로 가능한 일이 아니다. 또한 방송용 대본과 편집의 힘을 빌려서 가능한 범위도 아니다. 순전히 한 분야에서 오랜 기간의 지속적 연구와 성찰이 있어야 가능한 수준이다.

백 대표가 〈골목식당〉에서 솔루션을 도출하는 과정은 이 책에서 메타인지 강화를 위한 필수 훈련법으로 제시한 과정과 유사하다. 백 대표는 먼저 화면을 보며 실태를 점검한다. 그리고 현장 점검을 실시하며 문제를 정의한다. 이후 필요한 솔루션을 구조화하고 식당의 현 역량에 비추어 우선순위를 결정한다. 솔루션을 이행한 뒤에는 식당을 리뉴얼하는 흐름이 통상적이다.

백 대표가 이 프로그램에서 식당들에 전하는 메시지는 반복적이며 분명한 공통점이 있다. 이는 메타인지 관점에서도 정석에 가깝게 필요한 요소들을 짚어주고 있다. 백 대표의 주요 조언 내용을 정리하면 다음과 같다. 개인적으로 TV에서 방영되는 콘텐츠 중에는 성공적 메타인지의 사례를 가장 잘 보여주고 있다고 생각한다.

1. **메타인지적 인식 – 노왓:** 식당의 역량을 알아야 한다. 무턱대고 메뉴를 늘리거나 손님을 받으면 음식의 질이 떨어진다.

2. **메타인지적 인식 – 노와이 & 노하우:** 외식업의 목적은 손님들이 저렴한 가격에 즐겁게 한 끼를 먹고 갈 수 있도록 하는 것이다. 이를 위해 적정한 가격만 받고 가격은 되도록 올리지 않는다.

3. **메타인지적 인식 – 노웬 & 노웨어:** 상권을 잘 봐야 한다. 주변 상권에 방문하는 손님들의 특성을 고려해 메뉴, 가격, 레시피를 결정해야 한다.

4. **메타인지적 컨트롤 – 계획:** 손님이 몰리는 시간에 대응이 가능하도록 조리 동선을 계획해야 한다.

5. **메타인지적 컨트롤 – 모니터링:** 손님들이 음식을 남기는지, 맛있게 먹는지 계속 살펴야 한다. 음식을 만드느라 이를 놓치면 안 된다.

6. **메타인지적 컨트롤 – 평가:** 끊임없이 더 나은 방식의 조리법과

손님 응대법을 연구해야 한다.

7. **사회적 메타인지 - 상대방의 의도 파악하기:** 밖에 줄을 서더라도 일단 식당 안에 들어온 손님은 세상 어디보다 편하게 한 끼를 즐길 수 있어야 한다.

8. **사회적 메타인지 - 상대방의 인지 흐름 파악하기:** 맛있게 먹는 법을 잘 설명해서 준비한 음식을 손님이 최대한 맛있게 먹을 수 있도록 해야 한다.

9. **사회적 메타인지 - 상대방의 반응 예측하기:** 위생과 관련한 부분은 손님들이 절대 용납하지 않을 부분이므로 식당 사장도 절대 용납해서는 안 된다.

요리와 AI 프로젝트의 공통점

사실 〈골목식당〉이라는 프로그램을 유심히 보게 된 것은 경영 컨설팅이라는 업종과 요리의 유사성 때문이었다. 필자가 글로벌 컨설팅 회사에 근무하며 받았던 트레이닝 중 하나가 5명의 컨설턴트가 한 팀을 구성해 제시된 요리를 제한 시간 내에 완성하는 것이었는데, 그 경험이 무척 강렬했기 때문이다.

해당 트레이닝은 식재료를 산더미처럼 쌓아두고, 각 팀들이 식재료의 조달부터 조리까지 모든 것을 주어진 환경에서 처리해야 하는 것이었다. 필자가 속한 팀은 페퍼 스테이크라는 비교적 쉬운 미션을 받았다. 문제는 식재료 조달에서 발생했다. 우리 팀이 사용하기로 계획했던 안심은 식재료 더미를 바닥까지 뒤져도 보이지 않았다. 쌓여 있는 식재료 더미에서 필요한 것을 찾아야 하는데, 일부 희귀한 식재료를 두고는 몸싸움이 날 정도로 경쟁이 치열했다. 그러한 상황에서 식재료 더미 안에 작은 트러플 소스병이 필자의 눈에 띄었고, 그것을 얼른 챙겼다. 희귀한 식재료이며 누군가는 필요할 것이라는 직관이 들었던 것이다. 예상대로 채끝살을 가진 팀에서 트러플 소스를 찾지 못해 쩔쩔매고 있었다. 그 팀에 채끝 등심 절반을 내주는 조건으로 트러플 소스를 양도했고, 우리 팀은 채끝 등심과 피망 등을 넣어 요리를 완성했다.

경영 컨설팅 회사에서 이런 트레이닝을 하는 이유는 명확하다. 팀으로서 제한된 시간 내에 제한된 재료를 가지고 고객이 원하는 것을 만들어내야 하는 요리는, 제한된 시간 내에 제한된 자원을 가지고 고객의 문제를 해결하는 경영 컨설팅의 본질과 동일하기 때문이다.

최근에 기업들이 경쟁적으로 진행하고 있는 AI 도입 프로젝트도 마찬가지다. 많은 기업들이 앞선 트레이닝 사례의 식재료처럼 회사에 쌓인 빅데이터를 놓고 어떻게 활용해야 할지를 고민한다. 그러나 실은 먼저 많은 사람들이 좋아할 맛있는 메뉴를 선정하는 것이 중요하다. 그에 따라 필요한 데이터를 엄선해 고르고, 조리를 맡은 데이터 전문가가 알고리즘을 학습시키면 된다. 요리가 끝나면 유려한 설명과 함께 음식을 서빙하는 프렌치 레스토랑처럼, AI 프로젝트 결과물에 대한 배경과 과정이 설명 가능하다면 금상첨화다. 메타인지는 AI 프로젝트건 요리건 유용하게 쓰일 수 있는 인간 고유의 역량인 것이다.

메타인지를 대하는 자세

"파트너님께서 메타인지 성공 사례는 주변에서도 쉽게 찾을 수 있다고 말씀하셨는데, 좀 더 구체적으로 본받을 만한 사례를 여쭤봐도 될까요?"

"그럼요. 일단 샘이 질문한 내용 자체가 메타인지적으로는 '레벨다운을 해서 알려달라'는 뜻이지요. 메타인지 구성 요소별로 베스트 프랙티스(Best Practice)와 워스트 프랙티스(Worst Practice)는 보통 다음 표와 같이 정리할 수 있습니다."

"파트너님, 고맙습니다. 쉽게 이해가 되네요. 워스트 프랙티스를 보니까 지금 막 떠오르는 사람도 있고요."

샘이 웃으면서 이야기했다.

✿ 메타인지 세부 구성 요소별 베스트 & 워스트 프랙티스

	메타인지 세부 구성 요소	베스트 프랙티스	워스트 프랙티스
1	노왓	우리가 할 수 있는 건 이것이고, 이건 우리가 할 수 없는 것이니 외부 전문가를 조달합시다.	우리가 할 수 있는 건가? 모르겠다. 그냥 가만히 있자.
2	노와이/ 노하우	업무를 지시하신 목적에 의하면 이러이러한 부분도 추가 고려가 가능하지 않을까요?	왜 시키는 건지 모르겠지만 시키는 거나 하자.
3	노웬/ 노웨어	지금 상황은 목소리를 높일 때라고 생각되어 말씀드리는데…	가만히 있는 것이 중간은 가는 길이다.
4	계획	이 업무는 일단 3명이 1개월 작업이 필요해 보이는데요.	일단 닥치면 어떻게 되겠지.
5	모니터링	지금까지 이렇게 진행된 내용은 이런 단점이 있었으니, 향후에는 다른 방식으로 한 번 해보자.	굴러가고 있으니 언젠간 끝나겠지.
6	평가	지난 과정에서 더 잘할 수 있었던 부분은 무엇일까? 내가 배운 것은 무엇일까?	끝났으니 모든 걸 잊고 싶다.
7	상대방의 의도 이해	위에서 이를 지시한 배경이 무엇이고, 이는 어떻게 활용되는 것일까?	위에서 지시한 그대로 이행하면 된다.
8	나와 상대방의 인지 흐름 파악	이 보고서를 읽는 사람에게는 이렇게 표현하는 것이 더 쉽게 이해되지 않을까?	내 업무에만 집중하면 된다.
9	상대방의 반응 예측	이런 질문이 예상되니까 미리 답변을 준비해두자.	어차피 보고는 깨지거나 잘 넘어가거나 둘 중 하나다.

"샘이 누구라고 이야기 안 했는데, 왜 저도 떠오르는 사람이 있을까요? 이번 AI 프로젝트에 참여하는 사람 중에 한 명을 생각한 거죠?"

"네, 파트너님, 역시 눈치가 빠르세요. 아니, 역시 메타인지적 인식이 뛰어나세요!"

"제가 특별히 그분을 옹호할 필요는 없지만, 그분이 왜 큰 의욕이 없는지는 이해가 갑니다. 원래 그분은 이 프로젝트보다는 본인이 희망했던 M&A 쪽 프로젝트 수행을 원했어요."

"아, 그렇군요. 자기가 하기 싫은 일을 하면 전체적 메타인지 역량도 저하되는 것일까요?"

"네, 저는 개인적으로 그렇다고 생각합니다. 바로 메타인지의 열 번째 세부 구성 요소가 그것입니다. 바로 동기부여(Self-Motivation)입니다. 가진 메타인지가 아무리 뛰어나도 지금 생각하기 싫다는 사람에겐 다 의미 없는 법이죠."

"충분히 이해가 갑니다, 파트너님. 저도 오늘은 여기까지만 생각하고 어서 일하러 가야겠네요. 데이터 라벨링 지시받은 게 산더미거든요!"

METACOGNITION

5장

AI 시대
조직의 생존을
좌우하는 메타인지

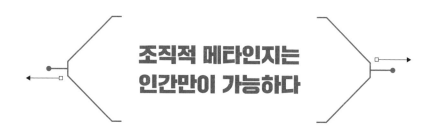

조직적 메타인지는 인간만이 가능하다

AI 시대의 조직 경쟁력은 메타인지로 결정된다

메타인지를 조직 레벨에 적용한 조직적 메타인지는 AI가 학습하기 가장 어려운 분야다. 팀이나 부서 단위에서 이루어지는 인지에 대한 상위 인지를 한다는 것은 대단히 많은 상황 변수들이 존재하고, 이를 AI가 학습 가능한 데이터로 만드는 방법을 찾기 어렵기 때문이다. 일반적으로 조직적 메타인지는 인간의 인지 활동 중 사회적 인지(Social Cognition)와 메타인지가 동시에 필요한 분야로 알려져 있다. 그러나 이 두 가지는 현재 가장 진보한 형태의 AI로도 처리가 되지 않는 분야다. 향후 AI 기술 로드맵에서도

♦ 사를 통한 사회적 인지 재현 시도 예시(사회적 지능 모델 2.0 개념도)

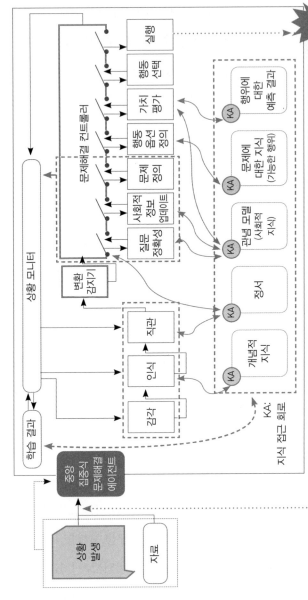

출처: Lee, J., Kralik, J. D. and Jeong, J. (2018). A General Architecture for Social Intelligence in the Human Mind and Brain, Procedia Computer Science: 145, 747.

가장 나중에 구현 시도가 가능한 것으로 표시되는 것이 일반적이다.

이는 AI의 도입으로 인해 기업 조직의 업무 경쟁력이 상향 평준화된다고 가정했을 때, 각 조직의 경쟁력은 결국 조직적 메타인지에 의해 결정된다는 뜻으로 해석할 수 있다. 특히 업무의 패턴을 찾기가 어려운 조직, 전술보다는 전략이 중요한 업무, 종합적 사고를 요구하는 특성이 있는 곳일수록 AI 시대의 경쟁력은 메타인지에서 나오게 될 것이다.

조직적 메타인지가 높은 곳은 앞서 2장에서 설명한 메타인지가 뛰어난 다섯 가지 유형의 인재들을 인정해주고 지속적으로 길러내는 조직일 것이다. 또한 조직의 현재 상황에 대한 객관적 판단을 바탕으로 지속적 개선과 성장이 이루어지는 조직일 것이다. 이러한 조직은 공통적 특징이 관찰된다. 다음에 나올 도표는 대부분의 조직에서 일종의 체크 리스트로도 활용이 가능하다.

특징들을 살펴보면 사람과 관련된 것, 즉 인적자원의 관리와 연관된 내용이 많다. 메타인지가 인간의 고유 영역이라는 점에서 보면 자연스러운 부분이다. AI 시대에 기업 구성원의 성장이라는 것이 엑셀이나 파워포인트 활용법의 향상을 의미하지는 않을 것이다. 극단적으로 엑셀이나 파워포인트 등 스킬이 필요한 영역은 AI가 대신 처리해줄 개연성이 높기 때문이다. 그렇다면 결국 구성원들의 성장과 관련해 많은 비중에서 메타인지의 향상이 강조될 것이다.

⚙ 메타인지 요소별로 나타나는 조직적 메타인지 특징

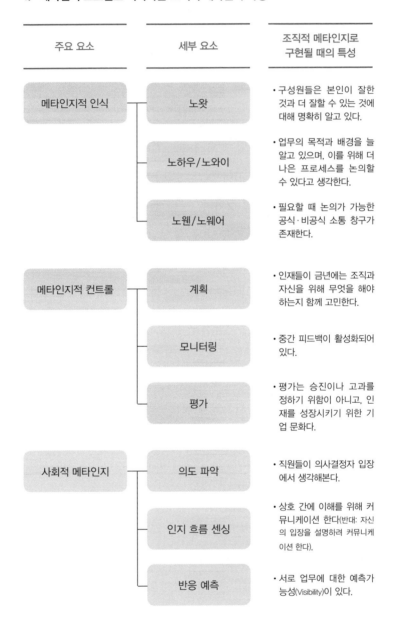

주요 요소	세부 요소	조직적 메타인지로 구현될 때의 특성
메타인지적 인식	노왓	• 구성원들은 본인이 잘한 것과 더 잘할 수 있는 것에 대해 명확히 알고 있다.
	노하우/노와이	• 업무의 목적과 배경을 늘 알고 있으며, 이를 위해 더 나은 프로세스를 논의할 수 있다고 생각한다.
	노웬/노웨어	• 필요할 때 논의가 가능한 공식·비공식 소통 창구가 존재한다.
메타인지적 컨트롤	계획	• 인재들이 금년에는 조직과 자신을 위해 무엇을 해야 하는지 함께 고민한다.
	모니터링	• 중간 피드백이 활성화되어 있다.
	평가	• 평가는 승진이나 고과를 정하기 위함이 아니고, 인재를 성장시키기 위한 기업 문화다.
사회적 메타인지	의도 파악	• 직원들이 의사결정자 입장에서 생각해본다.
	인지 흐름 센싱	• 상호 간에 이해를 위해 커뮤니케이션 한다(반대: 자신의 입장을 설명하려 커뮤니케이션 한다).
	반응 예측	• 서로 업무에 대한 예측가능성(Visibility)이 있다.

조직적 메타인지는 실제로 구현이 가능하다

필자가 경험했던 한 회사는 조직적 메타인지(Organizational Metacognition) 수준이 상당히 높았다. 구성원들이 매해 초가 되면 금년에는 회사와 자신의 발전을 위해 무엇을 해야 하는지 구체적 목록을 갖고 인지하고 있었다. 업무 중간에 어떤 점을 잘하고 있으며, 어떤 점은 더 잘할 수 있는지에 대한 피드백을 주는 문화가 활성화되어 있었고, 연말 평가는 승진이나 고과를 정하는 목적보다는 이 구성원을 어떻게 성장시킬 것인가에 초점이 있었다. 연말 평가를 통해 받은 피드백을 그대로 받아 적으면 금년에 구성원이 발전을 위해 해야 할 일이 되는 식이다. 이 회사는 그것을 피드포워드(Feedforward), 즉 지나간 일에 대한 공과보다는 앞으로 무엇을 하면 좋겠다는 의견으로 불렀다.

이 조직에서는 거의 대부분의 구성원들이 자신의 강점은 무엇이고, 어떤 부분을 더 노력해야 하는지 명확히 인지하는 것이 당연했다. 업무가 지시될 때는 배경과 목적이 반드시 설명되었고, 그 업무의 목적을 달성하는 데 더 나은 프로세스가 있다고 여겨지면 언제든 의견을 개진할 수 있는 공식적·비공식적 창구가 열려 있었다. 익명 이메일, 익명 온라인 게시판, 익명 채팅방 등이 실제로 운영되었다.

이 회사에서 중요하게 여기는 것은 예측가능성과 상대방의 입장을 이해하기 위한 커뮤니케이션이었다. 예측가능성의 예를 들면 특정 업무가 언제쯤 끝날 것 같다는 것을 상사가 인지할 수 있게 해주는 것, 또는 어떤 수준의 결과물이 나올 것인지 사전에 충분히 예상할 수 있도록 해주는 것을 말한다. 돌발상황이 발생하는 것은 그렇게 좋은 상황이 아니라고 여겼다. 이 회사의 커뮤니케이션은 자신의 입장을 전달하기 위한 것이 아니었다. 상대방의 입장을 이해하기 위한 목적으로 커뮤니케이션을 하고 있었다. 하여 이메일과 회의는 늘 질문으로 시작했다.

조직 구성원의 메타인지를 확장하기 위한 문화가 이 정도 수준에 이르니, 어떤 결정이 내려져도 많은 구성원들은 CEO의 입장에서 생각해보고자 했다. 물론 여전히 이해가 가지 않는 부분이 있을 때도 있었다. 그러나 그럴 때는 어김없이 CEO가 본인의 결정에 대한 배경을 간략히라도 구성원들에게 다양한 방식으로 알려주었다.

이것이 조직적 메타인지의 수준이 높은 기업의 모습이다. 이 묘사는 필자가 이상적 기업의 조직적 메타인지 상황을 설명하고자 지어낸 것이 아니다. 실제 필자가 몸담고 경험했던 곳의 모습이다. 다만 한국이 아닌 미국에서 근무할 때의 경험이기는 하다. 그러나 한국에서도 동일한 조직적 메타인지의 설계와 구축이 충분히 가능하다. 높은 조직적 메타인지 수준을 이루려면, 단지 회사의 미션이 달성되고 개인이 발전할 수 있게 하기 위해 어떤 문화를 갖추어야 하는지 합리적이고 상식적 수준에서의 고민만으로도 충분히 할 수 있다.

이직률이 높으면 조직적 메타인지를 의심해라

업무 과정에서 배울 수 있어야 한다

조직적 메타인지의 수준이 낮으면 인재가 성장하지 못한다. 그리고 인재는 성장할 수 없는 조직을 떠난다. 회사의 이직률이 높다면 일단 조직적 메타인지를 의심해봐야 한다. 최근에는 특히 밀레니얼 세대가 조직적 메타인지가 낮은 회사에서 오래 버티지 못하는 경우를 많이 관찰할 수 있다.

이직률에 대한 이슈가 이미 존재하는 조직은 대부분 세 가지 문제 중 하나 이상을 갖고 있다.

첫째, 승진과 보상의 기준이 모호하다. 해당 기준이 경영진에서는 명확하다고 주장할지라도 대부분의 구성원들이 모호하다고 생각하고 있다면, 이미 조직적 메타인지가 작동하지 않는 상태다. 승진자 명단을 받아든 구성원들이 고개를 갸우뚱하거나, 고성과자가 보상에 대한 불만을 드러내면 AI 시대에 이 조직의 미래는 장담하기 어렵다.

둘째, 구성원들이 무엇을 잘해왔고, 향후 어떤 점을 개선해야 할지에 대한 피드백이 명확히 없다. 연봉 협상이라고 해서 임원 집무실에 들어가면, 두루뭉실한 말로 다독이고는 올해도 힘내서 함께 잘 해보자는 식이다. 메타인지가 뛰어난 직원들은 꼭 연봉을 크게 올려달라고 하지 않는다. 그냥 구체적으로 자신의 성장과 발전을 위해 무엇을 할 수 있을지 인사이트 있는 피드백을 얻었으면 하는 것뿐이다. 그러나 그런 피드백이 없다.

셋째, 평가 과정도 경험이라는 인식이 없다. 구성원은 애초에 목표를 함께 설정하고, 그것을 이루기 위해 노력하는 과정, 일부 아쉬운 부분이 있었다면 그 이유에 대해 진지하게 고민하고 상담하는 경험을 원한다. 그 경험 자체가 그들에게는 자신의 성장과 발전이다.

위에 나열한 세 가지 상황은 메타인지적 컨트롤의 세부 요소인 평가(Evaluating)와 관련된 조직 내 상호작용이 일정 수준 이상으로 작동해야 피할 수 있다. 이러한 사례가 하나라도 계속적으로 발생하고 있는 조직은 메타인지를 발휘하고 싶어 하는 인재를 장기간 지키지 못한다. 물론 구성원들의 메타인지를 강화시

⚙ 밀레니얼 세대의 동기부여 요인

(복수 응답, 응답률 215.3%, 206명 대상 2019년 잡코리아 조사)

요인	비율
일을 하면서 개인역량이 발전함을 체감할 때	33.1%
적당한 업무량	28.8%
상사 및 동료와 우호적인 관계, 유연한 사내 분위기	25.4%
일이 재미있을 때	22.9%
일을 통해 사회에 기여한다고 느낄 때	21.2%
업무 성과가 잘 나올 때	20.3%
목표 달성이 가능해 보일 때	17.8%
성과에 따른 보상이 기대될 때	17.8%
복지제도가 좋아질 때	13.6%
기업 성과가 높을 때	7.6%
기타	6.8%

출처: 동아비즈니스리뷰

켜주기도 어렵다.

어떤 조직이 기본적으로 구성원들에게 매년 충분한 보상과 승진을 안겨줄 수 있는 것이 아니라면, 그 자체가 구성원들이 함께 무언가 더 잘할 수 있는 부분이 있다는 것을 뜻한다. 그렇다면 더 잘할 수 있는 것은 무엇이며, 현재 그것이 안 되고 있는 원인은 무엇인지 구성원들이 고찰하고 정의할 수 있는 기회를 만들어줘야 한다. 이를 하지 못하는 조직은 구성원들의 메타인지 향상의 찬스를 영영 놓쳐버리는 것과 같다. 메타인지 강화를 위한 훈련법에서 강조한 핵심 질문 또는 문제 정의부터 이루어지지 않는 조직이 되는 것이다. 서로 배우는 문화가 상실된 조직이 되는 것은 말할 필요도 없다.

회사는 결과를 내기 위해 모인 조직이 분명하다. 재무적 결과이건 사회적 결과이건, 회사의 미션을 달성하기 위해 노력하는 것은 최우선순위가 되어야 한다. 그러나 현실적으로 모든 구성원이 그 결과를 내기에 필요한 모든 조건이 준비되어 있는 것은 아니다. 그렇기에 대부분의 조직들이 직원을 뽑으면 교육을 하고, 조직 내 평가 및 승진 등 일정한 과정을 거쳐 미래의 리더를 육성하고자 하는 것이다. 이 과정은 늘 진행되는 업무 사이에 무엇을 더 잘할 수 있는지를 복기하고, 구성원들 간에 논의를 거쳐 진행될 때 가장 효과가 좋다. 이것이 새로운 배움을 갈망하고, 늘 해왔던 내용을 개선하고자 하는 수준 높은 메타인지의 소유자들이 가장 원하는 업무 환경이기도 하다.

상명하복은 메타인지 강화에 독이 된다

필자는 2000년대 후반에 국내의 한 고객사에 자문 프로젝트 수행을 위해 방문했다가 큰 충격을 받았던 적이 있다. 당시에는 갑과 을의 관계가 명확했던 사회 분위기가 있었다는 사실은 감안할 필요가 있다. 고객사의 부장 한 명이, 필자와 함께 출근한 동료까지 2명을 세워놓고 첫 인사를 다음과 같이 던졌다.

"자네가 위인가, 아니면 저 친구가 위인가?"

당시에는 사무실에서 흡연이 가능할 때였다. 황당해하는 우리를 앞에 두고 그 부장은 담배를 입에 물고, 다리를 책상에 올린 채 물었다.

"둘 중 누가 선임이냐고?"

함께 출근한 동료가 필자보다 1년 정도 먼저 입사했기 때문에 옆 동료가 선임이라고 답했다. 그러자 그는 필자하고는 더 이상 할 이야기가 없다는 듯이 저쪽에 가 있으라는 시늉을 하고, 선임과 이야기를 이어나갔다. 무슨 일을 해야 하는지 등의 특별할 것도 없는 대화였다. 그 이후로도 오랜 시간을 컨설팅 업계에서 일했지만, 그런 상황을 다시 겪을 일은 없을 정도로 황당한 경험이었다.

업무 요구도 종잡을 수 없이 비체계적이었다. 하루는 산업 내 선진 사례에 대한 벤치마킹을 해달라고 하더니, 다음 날에는 본인 회사에 대한 수준 평가 프레임을 만들어달라고 요청했다. 그 다음 날에는 벤치마킹과 본인 회사에 대한 평가를 합쳐 모든 회사를 순위화했으면 좋겠다고 했다. 맥락을 이해하고 좀 더 유효한 결과물을 내기 위해 업무의 목적을 물어보았더니 다음과 같은 답변이 돌아왔다.

"까라면 그냥 까세요."

이후 선택권이 주어진다면 다시는 해당 고객사와 관련된 업무를 하지 않겠다고 마음먹었다. 그리고 해당 고객사에서 진행되었던 여러 컨설팅 업무 기회에도 불구하고, 이후로 단 한 번도 관련 업무를 진행하지 않았고 관심도 두지 않았다. 가끔씩 해당 회사의 문화가 많이 개선되었지만, 여전히 이직률이 매우 높다는 이야기를 흘려들었을 뿐이다.

필자는 10년도 더 흐른 지금이나 그때 당시에도 해당 부장의 불편한 태도와 반말은 충분히 받아들일 수 있었다. 다만 가장 견딜 수 없었던 것은 매일 바쁘게 진행하는 업무의 목적이 무엇인지 알 수가 없었다는 점이다. 업무를 지시하는 사람이 어떤 맥락과 배경으로 이를 요청하는지 설명해주지 않으며, 군대적 분위기가 팽배하다면, 능동적인 직원의 사기를 저하시키고 업무 성과도 떨어질 수밖에 없다.

당시 필자와 같은 이유로 고통을 느끼는 조직 구성원들은 안타깝게 최근에도 존재한다. 대한상공회의소에서 2018년 10월 직장인 4천 명을 대상으로 진행한 '업무방식 실태조사'에서는 회사에서 '업무의 목적과 전략이 분명한가?'라는 물음과 '업무지시 시 배경과 내용을 명확히 설명하는가?'라는 물음이 각각 30점과 39점이라는 낮은 점수로 답변되었다. 해당 조사에서 질문에 대한 평균 점수는 45점이었기 때문에 평균에도 미치지 못하는 점수다.

같은 대한상공회의소의 조사 결과 분석에서는 직장인들이 업무방식을 비효율적이라고 느끼는 이유로 일을 시작할 때 '왜(Why)' 이 일을 해야 하는지 설명하거나 질문하지 않는 소통 문화가 원인이라고 분석했다. 또한 직장인들 10명 중 6명이 업무 지시를 한 상사의 의중을 파악하기 위해 별도의 회의를 해보았다고 응답했다는 것이다.

조직적 메타인지는 이러한 문제를 인지하는 데서부터 개선이 시작된다. '내 말 알지?' 내지는 '까라면 까.'와 같은 생각을 하는 순간, 조직적 메타인지는 망가지고 있다는 점을 명심해야 한다.

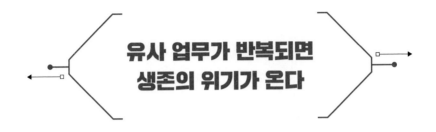

유사 업무가 반복되면
생존의 위기가 온다

양치기 소년은 자신보다 직원을 먼저 해친다

1년에 한 번씩 담당자만 바뀌어서 경영 혁신 프로젝트를 발주하던 회사가 있었다. 경영 컨설팅 프로젝트를 발주하려면 RFP (Request For Proposal)라는 것을 회사 명의로 공식 발송하는 것이 어느 정도 관례인데, 해당 RFP의 내용도 매년 대동소이했다. 사정을 파악해보니 기업의 지배구조 자체가 2명의 소유주에게 양분되어 있었는데, 동시에 산업 특성상 생산직에서 오래 근무한 백전노장 임원들의 힘이 셀 수밖에 없었다. 이 권력의 삼각관계에서 실무진들은 어느 장단에 춤을 취야 하는지 판단조차 어려

위했다.

1명의 소유주 A가 경영 혁신의 필요성을 주장하면서 외부 자문을 받자고 주장하면, 다른 소유주 B와 백전노장 임원들이 반대하는 형국이 계속되었다. 반대로 백전노장 임원들이 경영 혁신을 주장하면 소유주들이 여러 이유로 결정과 예산 집행을 미루었다. 만약 여러분이 이 회사의 실무 담당자인데, 기업 소유주 A가 실무진에게 경영 컨설팅 업체를 섭외하라고 지시하면 어떻게 하겠는가? 물론 일단 해야 한다. 그 결과를 이미 알고 있더라도 말이다. 그런데 매년 유사한 일이 반복되면 어떨까? 많은 사람은 더 나은 직장을 찾을 것이다. 실제로 해당 기업의 컨설팅 발주 업무를 담당했던 직원은 예외 없이 다른 부서로 전근을 요청하거나 이직을 했다. 핵심적 경험과 노하우를 갖고 있던 중간급 관리자들이 계속 유출되니 사업은 성장이 어렵고 생존의 위기까지 맞게 되었다. 당연한 귀결이다.

일정한 주기로 유사한 사례가 반복되면 대부분의 직장인은 맥락을 이해하고, 결과도 예측하게 된다. 의미 없는 업무를 반복하는 것이 담당자들에게는 큰 고욕이었을 것이라 짐작한다. 반면 해당 기업의 소유주 등 최고경영진 입장에서 생각해보면 그들에게도 '그럴 만한 말 못 할 사정'이 분명 있었을 것이다. 실무진들은 무의미하다고 느끼는 과정이지만, 경영진 입장에서는 내심 기대하는 효과가 있었을 수도 있다. 그러나 문제는 회사가 권력의 삼각관계에 놓여 있고, 의사결정이 제대로 이루어지기 어려운 상황이라는 것을 몇 년간의 반복적인 경험으로 직원들이 다 알고 있더라는 것이다.

메타인지를 가진 인간은 맥락을 파악하게 되며, 본능적으로 맥락을 파악하기 원한다. 때와 장소에 대한 이해를 의미하는 노웬(Know-when)과 노웨어(Know-where)라는 메타인지의 요소에 빗대어 여러 차례 설명한 개념이기도 하다.

이런 상황이라면 차라리 경영진에서 실무진을 불러 '회사의 지배구조 상황이 이러하나, 회사의 수익구조 개선을 목적으로 경영 혁신이 반드시 필요한 때인 것으로 보이니, 추진을 부탁한다'는 담백한 업무 지시를 하는 것이 더 좋지 않았을까? 맥락에 대한 설명과 권한 이양을 받은 실무진은 나름의 방법으로 다른 이해관계자들을 설득할 수 있는 실무진만의 아이디어를 제시할지도 모르는 일이었다.

조직의 리더라면 혹시라도 메타인지가 높은 직원이 맥락에 대한 설명을 요청할 때는 기쁜 마음으로 맥락을 상세히 알려줘야 한다. 동시에 맥락을 설명하지 않았는데도 '예스'를 반복하는 직원이 있다면 잠시 조직적 메타인지를 돌아봐야 한다. 맥락에 대한 이해 없이 효율적으로 진행할 수 있는 업무는 세상에 존재하지 않는다. 그 진리를 늘 상기하는 것이 조직적 메타인지 향상의 기본 중 기본이다.

대나무 숲은 조직 건강에 도움이 된다

조직에서 같은 업무가 의미 없이 반복되는 원인은 대부분 리더의 메타인지적 인식이 잘 작동하지 않기 때문이다. 조직의 리더라고 완벽한 메타인지가 작동할 수는 없기에, 여러 이유에 의해 충분히 있을 수 있는 일이며 부끄러운 것은 아니라고 본다. 다만 메타인지 수준이 높은 훌륭한 리더라면 본인의 인식이 충분하지 않다는 사실도 인지할 수 있어야 한다. 이에 따라 현재 조직이 할 수 있는 것과 없는 것에 대한 본인의 판단과, 왜 이걸 해야 하는지에 대한 판단을 적절히 구성원에게 논의함으로써 메타인지적 인식을 보완할 수 있다면 무의미한 업무가 반복되는 빈도를 크게 줄일 수 있다. 추가적으로 리더는 직원들 입장에서 현재 인식하고 있는 조직의 맥락에 대해서도 식견을 넓힐 수 있다.

앞선 '권력의 삼각관계' 기업 예시에서 해당 회사의 최고경영진이 실무진의 고충을 인지는 하고 있었는지 상당히 궁금하다. 실무진들이 컨설팅 회사에 단체로 찾아와서 "작년에는 ○○○ 부장이 왔다고 들었는데, 올해는 제가 왔습니다. 죄송합니다."라고 머리를 조아리며, 올해도 꼭 제안서를 제출해달라고 부탁하는 상황을 최고경영진이 알고 있을 가능성은 없어 보인다. 경직된 기업 문화 안에서는 이러한 상황에 대해 논의할 수 있는 소통의 창구도 존재하지 않았을 것이기 때문이다. 이 상황이 매우 안타까웠고, 모두를 위해 상황이 개선되기를 진심으로 기원했다.

조직적 메타인지라는 개념이 이러한 상황을 조금이라도 줄일 수 있기를 바랄 뿐이다.

리더의 입장에서는 직접 접수되는 직원의 고충이 얼마나 되는가를 가만히 생각해보면 이를 진단할 수 있다. 만일 지난 몇 개월간 직접 접수된 업무 관련 고충 사항이 없다면 큰 위기감을 가져야 한다. 물론 논의와 소통의 창구를 만들어 해결 가능한 사안이다. 필자가 경험한 한 기업은 분기별로 의견 취합을 위한 대표자를 직급별로 무작위 지정하고, 그들의 책임하에 직급별로 익명의 의견을 수집하도록 했다. 업무적 고충이건 복지에 대한 건의이건 무엇이든 괜찮았다. 중요한 건 익명이어야 한다. 이렇게 수집된 내용은 업무 성과 개선에 도움이 되는 질문 및 의견, 조직 비전이나 미래에 대한 질문 및 의견, 복지 관련 질문 및 의견으로 구분했다. 구분된 내용을 기반으로 조직의 최고 리더가 분기에 한 번 컨퍼런스콜(음성회의) 시스템을 이용해 리더로서의 의견을 밝혔다.

재미있는 것은 이 행사가 평일 저녁 8시나 9시쯤 진행된다는 것이었다. 어떤 구성원은 퇴근길에, 또 어떤 구성원은 집에서 쉬다가, 또는 친구들과 소주 한잔을 기울이다가도 재미있는 라디오 방송을 듣는 것처럼 모여들어 각자의 스마트폰에 이어폰을 꽂고 리더의 의견에 귀를 기울였다. 심지어 휴가 기간에 해외 여행을 간 구성원조차 해외에서 접속해 들었다. 내용에 가감이 없었고, 그러다 보니 재미있었기 때문이다. 일일 라디오 DJ가 된 리더에게 남기고 싶은 의견이나 메시지가 있을 경우 카카오톡 익명 문자 채팅방에 메시지를 남기면 이에 대해 또 답변을 주는 방식이었다.

이 조직의 성과, 문화, 구성원의 만족도가 상대적으로 높았다는 점은 설명할 필요가 없겠다. 이것이 이른바 '대나무 숲' 효과다. 조직원들이 속 시원히 하고 싶은 말을 할 수 있는 창구를 만들어두는 것이다. 조직적 메타인지에 관심이 있는 조직은 대나무 숲을 만들어두면 큰 도움이 된다.

AI 시대에 대한
불안감을 확인하라

AI에 대한 조직의 인식을 확인해라

AI(Artificial Intelligence)라는 용어는 컴퓨터 과학자인 존 매카시 (John McCarthy)가 1956년에 처음 사용한 단어다. 따지고 보면 AI 는 세상에 나온 지 60년이 넘은 개념인 것이다. 그런데 2020년대 들어 이것이 새롭게 느껴지는 이유 중 하나는, AI가 도출하는 결 과보다도 그 작동 과정에 대한 인간의 이해와 설명이 쉽지 않기 때문이다. 특정 영역에서는 이미 인간의 능력을 뛰어넘었는데, 어 떤 원리로 그것이 가능한지 인간이 명확하게 알 수 없기 때문에 거리감이 생기는 것이다.

AI는 2000년대 인터넷을 타고 폭발적으로 수집된 데이터를 바탕으로 비약적으로 발전했다. 2006년에는 제프리 힌턴 (Geoffrey Hinton)이 딥 러닝 알고리즘을 발표하면서 인간의 뇌를 모방하는 신경망 네트워크가 출현한다. 그 이후는 우리가 기억하는 그대로다. 2011년 IBM 왓슨이 인간 퀴즈 챔피언에서 승리하고, 2016년 알파고는 이세돌을 꺾는다. 그리고 2017년 알파고는 바둑계 은퇴를 선언한다. 2019년에는 이세돌이 아직 젊은 나이에 은퇴를 선언한다. 평생 바둑을 '바둑판 위에서 흑과 백이 만드는 예술'이라고 생각했던 그가, 엄청난 수 읽기 계산 능력을 지닌 AI 앞에서 허무하게 무너진 것이 은퇴에 큰 영향을 주었다고 스스로 밝혔다.

이세돌이 느꼈던 그 감정을 인간들이 느끼게 될 분야는 비단 바둑뿐만이 아니다. 컴퓨터 칩의 연산 능력이 2년마다 2배씩 향상된다는 것이 무어의 법칙이다. 지금의 속도로 하드웨어 및 AI 기술이 발달하면 거의 모든 업무 영역에서 인간은 이세돌이 느꼈던 벽과 함께 본인의 존재에 대한 허무함을 느끼게 될지도 모른다.

2010년경 이미 컴퓨터 칩의 성능이 인간이 인지할 수 있는 범위를 넘어 발전했을 때, 많은 공학자들은 이제 무어의 법칙이 끝났다고 주장하기도 했다. 그러나 10년이 지난 지금도 무어의 법칙은 유효하다. 2년마다 약 2배씩 성능이 지속적으로 향상되고 있다. 스탠퍼드대학교 인공지능연구소에 따르면 2012년 이후 인공지능의 성능 향상 속도가 오히려 무어의 법칙을 7배 상회

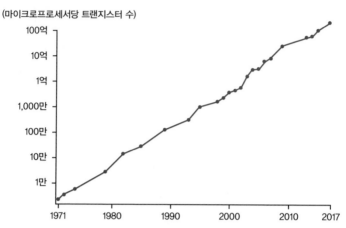

출처: Karl Rupp, '40 Years of Microprocessor Trend Data'

한다고 밝혔다.

　AI 시대에 대한 대비가 되어 있는 조직은 AI에 대한 기대감이 있다. AI를 어디에 적용하면 될지를 알기 때문이다. 반면 조직적 메타인지 수준이 낮고 무엇을 해야 할지 모르는 경우는 이렇게 급격한 AI의 발전 속도에 불안감을 표한다. AI 시대에 아무런 생각이 없는 것은 가히 최악의 경우다.

　조직적 메타인지 상황을 확인하고 싶은 리더는 팀원들에게 우리 업무 중 AI가 대체할 수 있는 것이 무엇일지 물어보면 간단하다. 마음에 들지 않는 답변이 나온다면 AI에 대해 아직 잘 모르는 AI 문맹이거나, AI로 무엇을 할 수 있을지에 대한 메타인지가 부족한 상황이거나, 그것도 아니면 당신과 별로 이야기하고 싶지 않은 것이다.

대응 체계를 선제조치 체계로 바꾸어라

AI 시대 이전에 많은 조직들은 '대응(Reactive)'을 조직의 기본 체계로 삼았다. 시장 상황이나 고객의 니즈 변화에 대응하는 식이다. 또는 경쟁사의 등장에 대응하거나 위급 상황이 발생할 경우 대응하는 것도 마찬가지다. 이러한 체계의 공통점은 어떤 일이 벌어진 후에야 조직 시스템이 가동된다는 것이다. 이를 대응적 조직이라고 한다.

반면 AI 시대에 조직적 메타인지는 선제조치를 위해 활용되어야 한다. 앞서 반응을 미리 예측하는 것을 사회적 메타인지의 세부 요소로 소개했다. 필자가 경험한 기업 중에서 이러한 예시가 극명하게 나타난 곳이 바이오 및 헬스케어 업체들이었다. 비즈니스 모델부터 가치관까지 환자가 아파서 병원에 방문하면 이에 대응하는 체계로 구성되어 있는 곳이 대부분의 바이오 및 헬스케어 기업들이다.

그러나 AI 시대에는 상당수의 업체들에서 '대응'만 하던 체계를 '선제조치(Proactive)'로 바꿔가려는 노력이 관찰된다. AI로 심박수 데이터를 분석해 심근경색의 위험도를 사전에 예측해 대응하거나, DNA 분석을 통해 향후 질병에 걸릴 확률을 예측하는 형태가 대표적이다.

업의 본질을 변화시키는 비즈니스 모델 차원의 변화가 아니어도 여전히 선제조치형 체계를 도입하는 조직들은 많다. 필자가

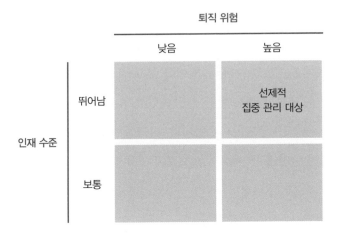

퇴직 위험

	낮음	높음
뛰어남		선제적 집중 관리 대상
보통		

인재 수준

근무하던 컨설팅 업계는 100% 인적자원의 역량에 따라 서비스 품질이 결정된다. 또한 경험과 노하우를 보유한 인력이 유출되면 서비스 품질을 유지하기 어려운 상황이 종종 발생하게 된다. 전문성을 고도로 요구하나 산업 자체가 틈새시장에 기반한 경우라면 더욱 그렇다. 이러한 위험에 선제조치를 하기 위해 인재들의 퇴사 위험도를 빅데이터로 분석해보려는 시도가 업계에서 관찰되었다. 고위험군으로 분류된 인재들 중 핵심 인적자원으로 꼽히는 인력을 집중 관리하는 방법이다. 이는 해당 인력에 대한 별도의 관리 프로그램을 가동하거나 집중 면담을 실시하는 형태인데, 일단 회사가 자신에게 관심을 가져준다는 측면에서 인재들에게 긍정적인 반응과 효과를 끌어낼 수 있었다.

이처럼 조직적 메타인지 개선은 쉬운 것부터 시작 가능하다.

'조직이 가장 빈번하게 직면하는 위험이 무엇인가?' '이를 사전에 예측할 수 있는 방법이 있는가?' '이에 AI를 적용할 수 있는가?' '도출된 결과로 우리는 무엇을 할 수 있는가?' 등의 질문을 구성원들과 둘러 앉아 논의해보는 것만으로도 조직적 메타인지는 달라질 수 있다.

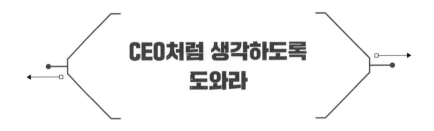

CEO처럼 생각하도록 도와라

월급도 메타인지로 결정하면 달라진다

고용 시장이 상대적으로 유연하지 않은 한국은 기업 경영진이 정규직 채용에 보수적인 입장을 취하는 경향이 있다. 또한 합당한 근거가 없으면 연봉 삭감이 쉽지 않기 때문에 신입사원의 초봉도 최대한 보수적으로 책정된다. 향후 올려줘야 하는 범위를 미리 감안하는 것이다. 컨설팅 업계가 그나마 고용 시장의 유연성이 상대적으로 높은 산업이기는 했다. 전략 컨설턴트 같은 경우에는 해고 통보를 받아도, 그동안 감사했다며 회사에 커피 한 잔씩 돌리고는 쿨하게 회사를 떠나는 경우도 꽤 목격했다.

그러나 정규직 직원을 늘리는 것에 대한 부담감은 여전하다. 그렇기에 일종의 편법으로 인턴이나 계약직, 프리랜서 등을 활용해 인력 운영에 탄력성을 부여하기도 한다. 부담스러운 고정비를 변동비로 전환하려는 노력이다. 고정적으로 나가야 하는 인건비는 여러 이유로 매출이 급감하더라도 지불해야 하는 비용이다. 하지만 변동비는 매출이 발생하기 때문에 지불하는 비용의 성격이 강하며, 그런 방향으로 통제도 가능하다. 다시 말해 인턴, 계약직, 프리랜서는 매출이 발생하기 때문에 지불되는 재무적으로 건전한 비용인 것이다.

국내 한 컨설팅 업체에서는 대학교 재학 중 인턴에 지원하는 이른바 학생 인턴에게 주급 100만 원 지급이라는 파격적인 제도를 시행하고자 했다. 선진 시장을 보면 페이스북이나 구글 등의 업체들은 인턴에게도 급여를 900여만 원 지급하고 있기 때문에, 국내에서도 반향을 일으켜보고자 하는 의도였다. 그러나 결과는 실패였다. 이유가 더 안타깝다. 인건비 증가로 인한 이익률 감소를 걱정한 내부 임원들의 반대가 너무 심했기 때문이다.

기본적으로 인턴에게 고액의 월급을 지급하는 것은 인건비를 아껴서 이익을 창출하겠다는 마인드로는 절대 실현할 수 없는 정책이다. 특정 업무를 수행하는 데 필요한 노동력을 저비용으로 조달하고자 하는 목적으로 인턴 제도를 인식했던 사람들에게는 어쩔 수 없는 한계다. 또한 인턴이 단순 업무를 하는 저숙련 노동력으로 정규 직원을 보조하는 역할이라고 생각하는 구성원들의

✿ 2019년 미국 기업 인턴 월급

순위	기업	월급
1	페이스북	약 956만 원
2	아마존	약 923만 원
3	세일즈포스	약 916만 원
4	구글	약 896만 원
5	마이크로소프트	약 866만 원
6	우버	약 856만 원
7	블룸버그	약 836만 원
8	캐피털 원	약 836만 원
9	애플	약 797만 원
10	뱅크 오브 아메리카	약 697만 원

출처: 글래스도어(glassdoor.com)

메타인지 수준을 드러내는 사례다.

그렇다면 페이스북이나 구글 등의 회사는 왜 인턴들에게 이런 고액의 월급을 지불하고 있을까? 이것이 어떻게 가능할까? 답은 간단하다. 우수 인재를 채용하는 효과적인 전략이기 때문이다. 실리콘 밸리처럼 많은 우수 기업들이 몰려 있는 곳에서는 정규직 채용 시장이 치열한 전쟁터다. 우수 인력을 유치하기 위한 경쟁이 너무 치열해지다 보니 신입 개발자의 연봉이 3억 원에 육박한다. 웬만한 복지와 기업 문화로는 어디에 명함도 내밀지 못한다. 채용 시장에서의 차별화가 너무 어려워진 것이다.

이 상황에 구글 등의 회사는 조직적 메타인지를 발휘했다. 경쟁이 레드오션 상태에 치달은 신입사원 채용 시장에서 싸우지 말고, 바로 정규직 채용 이전 단계인 인턴 시장의 독점 전략을 노리자는 것이다. 아직 풀타임 정규직을 지원할 단계가 아닌 대학생들은 일단 경험을 쌓는 것만으로도 감지덕지일 수 있는데, 인턴 기간의 월급이 수천 달러에 달한다는 이야기에 학생들은 고민도 하지 않고 구글과 페이스북으로 향했다. 그렇게 '미끼를 문' 학생들과 좋은 관계를 형성하고 좋은 인상을 심어주니 졸업할 때가 되어 같은 조건이면 구글이나 페이스북에 오더라는 것이다.

단순히 계산해봐도 신입 채용 시장에서 경쟁적으로 인재를 데려가기 위해 10만 달러 단위의 비용을 지출하는 것보다, 수천 달러 단위의 비용을 몇 차례 지출하는 것이 훨씬 이득이다. 또한 이 비용은 고정비가 아닌 변동비라는 사실도 잊으면 안 된다. 그 밖에도 미리 인재와 손발을 맞춰보고, 유대감을 쌓을 수 있는 등의 여러 이점이 있다는 것은 부연 설명할 필요가 없다. 여러분이 CEO라면 국내 인턴 주급 100만 원에 찬성하겠는가?

오너십은 모호한 상황에서 판단 기준이 된다

CEO처럼 생각하기의 실체는 CEO의 관점을 이해하는 것이다. 직원과 CEO의 차이는 메타인지의 폭에서 오는데, 앞서 설명한 인턴 월급의 사례가 대표적인 CEO와 임직원 간에 발생하는 인지의 차이다.

조직적 메타인지 수준이 높은 조직은 판단이 모호한 상황이 생겼을 때 준거 기준으로 CEO 입장에서 생각하기를 제시하는 경우가 종종 있다. 필자가 미국에서 근무할 당시, 출장 동안 사용할 수 있는 법인카드 지출과 관련해 미국인 임원에게 받았던 지침이 오랫동안 인상에 남았다. 물론 당시 회사에는 출장 시 지출할 수 있는 비용 규모에 대한 가이드라인과 정책이 있기는 했다. 그러나 상황과 출장지가 워낙 다양하다 보니 가이드라인 자체가 모호해지는 상황이 생겼다.

예를 들어 출장 동안 아침 식사와 저녁 식사 비용은 실비 청구가 가능하다는 정책이었다. 이를 비뚤게 생각하면, 몇십만 원짜리 코스 요리를 먹어도 실비로 청구가 가능한 것인가 하는 의문을 가질 수 있다. 실제 한 출장지에서 숙소의 위치가 너무 외진 나머지 주변에 식사가 가능한 장소가 하나도 없고, 야생동물만 돌아다니는 숙소가 있었다. 게다가 업무가 바빠 저녁 9시가 넘어 숙소에 도착하니 호텔 룸서비스로 오로지 스테이크만 주문이 가능하다는 것이 아닌가. 그 호텔에서 스테이크는 한화로 16만 원이 훌쩍 넘는 가격이었는데, 룸서비스를 주문하면 세금과 봉사료까지 붙었다.

너무 허기진 나머지 회사에서 지불해주지 않으면 사비로라도 배를 채워야 할 형편이기에 일단 주문을 했고, 남김없이 접시

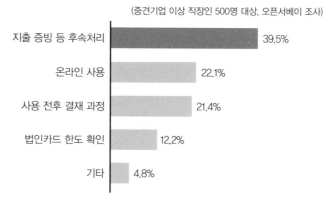

✿ 법인카드 사용 시 가장 불편한 점

(중견기업 이상 직장인 500명 대상, 오픈서베이 조사)

지출 증빙 등 후속처리　39.5%

온라인 사용　22.1%

사용 전후 결재 과정　21.4%

법인카드 한도 확인　12.2%

기타　4.8%

출처: 매일경제

를 싹 비웠다. 다음 날, 담당 임원에게 상황을 설명하고 저녁 식비가 생각보다 많이 나왔다고 운을 띄우니 그는 이렇게 답변을 해왔다.

"일단 회사는 당신의 판단을 신뢰하고 믿는다. 우리가 모든 상황을 포괄하는 가이드라인을 가질 수는 없다. 또한 우리가 좋은 성과를 내려면 때로 잘 먹어야 하고 좋은 숙소를 이용해야 할 때가 있다. 결국 당신의 판단이 중요한데, 그 기준은 하나다. 예산이 당신 돈이라고 생각하고 필요한 곳에 아껴 쓰면 된다."

만일 필자가 CEO라면 그 비용 지출을 승인할 것인지를 기준으로 보면 된다는 뜻으로 이해했다. 비용과 행동 그리고 판단에 대한 오너십(Ownership)을 가지라는 의미다. 이러한 시각은 이후에도 커리어를 이어갈 때 큰 방향타가 되어주었다. 업무를 진행하다 보면 모호한 상황에도 실무 현장에서 의사결정을 해야 할 때가 있는데, 그때마다 'CEO라면 이 상황을 어떻게 대처했을까' 하는 질문을 던져보는 방식으로 메타인지를 키워나갔다.

조직적 메타인지 수준을 끌어올리기 위해 리더가 제공해야 하는 가이드라인도 의외로 간단하다. "당신이 CEO라면 어떻게 했을 것 같아요?"라고 물어보는 데서 시작한다. 신기하게도 이런 질문을 많이 하는 조직에서는 미래의 CEO감이 곳곳에서 발견된다는 긍정적인 효과도 있다. 그만큼 인재 육성에도 도움이 되는 방식이다.

메타인지는 인지에 대한 인지, 생각에 대한 생각이다. 메타인지적 관점에서 CEO의 가장 중요한 역할 중 하나는 조직 구성원들의 인지와 생각에 대한 가이드를 제시하는 것이다. 많은 구성원들이 CEO처럼 생각하고 행동할 수 있다면, 그 조직의 잠재력은 상상하기가 힘들 정도로 크다. 이것이 조직적 메타인지의 실체이며, 수많은 CEO들이 유념해야 할 사항이다.

편향 방지하기

"파트너님, AI 머신러닝 모델의 학습이 일차적으로 완료됐어요. 미비한 데이터를 다듬고 정리해 채워 넣는 데 팀원들이 정말 고생 많았습니다."

샘이 말했다.

"네, 팀원 분들 모두 수고 많았을 것이고, 샘도 특히 고생 많았습니다. 데이터 레이블링의 중요성을 제대로 깨달았죠?"

"물론이죠. AI 프로젝트는 결국 데이터라는 말을 그야말로 실감했습니다."

"네, 맞습니다. 데이터가 무척 중요하지요. 특히 머신러닝은 학습되는 데이터가 편향되면, 모델을 통해 도출되는 편향성을 그대로 드러내기 때문에 데이터 레이블링 단계부터 세심한 주의가 필요합니다."

"저희 프로젝트에서도 우려되는 편향성이 있으셨나요?"

"그럼요. 많이 들어보셨다시피 얼굴이 갸름하고 이마가 좁으면 AI가 여성으로 인지하고, 턱이 크고 이마가 넓으면 남성으로 인식하는 등의 편향성은 잘 알려졌지요. 또한 직업과 성별을 매칭할 때도 마찬가지로 간호사, 베이비시터 등의 직업은 여성이라고 판단한 반면에 대통령, 판사, 의사 등은 남성이라고 판단하는 편향성이 유명해요. 이런 사례는 모두 데이터가 편향되어 있었기 때문입니다. 우리 사회가 그래왔다는 것이지요. 마찬가지로 임상시험 성공률을 예측하는 우리 프로젝트도 대형 제약사의 사례 및 북미나 유럽에서 진행된 사례 등의 경우 상대적으로 성공률이 높게 예측되는 편향성이 있을 수 있어, 그 부분을 상당히 걱정했습니다."

"그럼 편향을 방지하기 위한 방법은 없을까요?"

"일단 서로 다른 미션을 가진 2개의 AI가 서로 체크하면서 결과를 도출하는 GAN(Generative Adversarial Network) 활용 과최적화 방지 툴이 있어요. 쉽게 이야기해서 하나의 AI 모델은 다른 AI가 도출한 결과에 편향이 있는지만 계속 체크하고, 나머지 AI는 답을 낸 다음에 자신을 체크하는 AI를 통해 편향성 검사를 받아 통과한 것만 최종 제시하는 방식입니다. 그 밖에도 구글, IBM 같은 회사에서 개발한 데이터 편향성 탐지를 위한 툴이 있어요."

"우리 회사의 품질 및 위험 관리 부서 같은 역할인 거네요."

"하하, 그렇지요. 회사의 한쪽에서는 계속해서 품질 높은 컨설팅 서비스가 제공되는지 체크하고, 다른 한쪽에서는 그 기준을 뛰어넘는 서비스를 제공하기 위해 노력하는 것이죠. 조직적 메타인지 수준이 높은 곳에서 가능한 일입니다."

"아, 조직적 메타인지가 또 이렇게 나오는군요!"

"물론이죠. 조직적 메타인지 측면에서는 이렇게도 생각해볼 수 있습니다. AI를 차라리 우리 조직의 편향성을 찾기 위한 도구로 써보자는 식이지요. 예를 들어 입사하는 신입 여자 컨설턴트 숫자에 비해 여성 임원, 즉 파트너로 승진하는 숫자는 절대적으로 적었던 내용 등이 AI의 편향성 탐지를 통해 금방 드러나겠죠."

"그럼 그걸 공동의 노력으로 고쳐나가면 되는 거겠군요!"

"역시 샘은 하나를 알려주면 열을 아는 AI보다 뛰어난 인재입니다."

METACOGNITION

6장

조직적 메타인지를
높이는
다섯 가지 방법

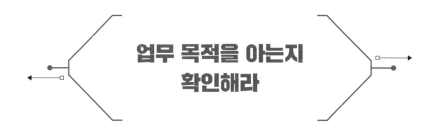

업무 목적을 아는지
확인해라

포레스트 검프가 있는 조직은 미래가 없다

1994년에 개봉해 전 세계적으로 흥행을 거둔 영화 〈포레스트 검프〉는 주인공 포레스트가 3년이 넘도록 목적도 방향도 없이 미국 전역을 달리는 장면으로 유명하다. 시간이 흘러 머리와 수염이 길어지도록 달린 포레스트에게 사람들이 '왜' 달리고 있는지 묻는다. 세계 평화를 위해서인지, 아니면 홈리스(Homeless)들을 위한 것인지 등을 묻는데, 포레스트는 그냥 달리고 싶어서 달린다고 답한다. 포레스트가 일종의 고행을 하는 성자라는 생각에, 이유 없이 함께 달리는 추종자도 한 무리 따르게 된다.

영화의 앞부분을 보면 포레스트 검프의 달리기 본능이 어린 시절부터 시작된다는 사실을 알 수 있다. 몸이 불편한 데다가 저능아로 낙인 찍힌 포레스트를 동네 개구쟁이들이 돌을 던지며 괴롭히기 시작한다. 포레스트는 괴롭힘을 피해 여기저기로 도망치며 자랐고, 고등학생이 되어서는 동네 불량배들이 자동차로 쫓아가도 달리는 포레스트를 잡기가 어려운 수준에 이르렀다. 이를 목격한 고교 미식축구 감독이 그를 스카우트한다.

필자가 목격한 기업 현장에도 수많은 포레스트 검프들이 있었다. 목적과 방향 없이 달리는데 운이 좋으면 미식축구단에 스카우트가 되고, 세계 평화에 기여하며, 때론 고행을 하는 성자가 되기도 한다. 그러나 대다수는 힘만 낭비하고 건강만 소진한다. '나는 미식축구 선수가 되겠어!'라는 확실한 목적의식을 가지고 달리기 훈련을 하는 사람을 무작정 뛰는 사람이 이길 수 있는 곳은 영화 속밖에 없다.

국내 기업 조직에서는 포레스트 검프를 양산하는 데 아무런 경계심이 없는 경우가 가끔 있다. 목적의식을 갖고 달리면 당연히 좋겠지만, 일단 그냥 성실히 달리기를 계속한다는 것도 나쁘지는 않다는 마인드다. 그러나 만일 AI 시대에도 조직에서 포레스트 검프를 키워내고 방치한다면, 그 조직의 생존 여부는 불투명하다.

필자가 경험한 국내 기업 중에 한발 앞서 AI 도입을 추진하고자 계획하는 곳이 있었다. 우수한 젊은 인재들을 TF에 모았고, 다른 기업보다 빠르게 AI 성공 사례를 만들겠다는 의욕도 높았다. 분야도 AI가 영상 화면을 자동으로 인식하는 비전 인식(Vision Recognition), 챗봇 등을 만들 수 있는 자연어처리(Natural Language Processing), 음파 등의 신호를 인식하는 신호처리(Signal Processing) 등 다양한 범위로 전선이 확대되어 있었다. 다양한 주제를 참고하고, 많은 성공 사례들을 벤치마킹했지만, 안타깝게도 가시적인 성과는 나타나지 않았다. 해당 팀은 조용히 해체되어 각자 필요한 사업부로 흩어졌다. 포레스트 검프보다 나은 조건의 사람들이 그보다 열심히 달렸지만, 미식축구팀에 스카우트가 되지도 않았고 추종자도 없었다. 더 큰 문제는 조직 모두이 마라톤을 방관했다는 것이다.

기본적으로 AI로 무엇을 할 것인가를 결정하기 위해서는 반드시 왜 해야 하는지를 먼저 고민해야 한다. 예를 들어 AI는 첫째, 인간이 하던 일을 완전히 대체하거나, 둘째, 인간이 하던 일을 부분적으로 자동화하고 인간과 협업 체계를 구축하거나, 셋째, 인간이 전혀 하지 못하던 일을 하게 된다. 이 중 어느 영역에 목적을 둘 것인지에 대한 고민이 있어야 한다. 물론 AI 도입 목적에 대해서는 다른 방식의 접근도 가능하다. 중요한 점은 목적에 대한 고민이 반드시 선행되어야 한다는 것이다.

필자는 오늘날까지도 매일같이 다음과 같은 형식의 발표나 뉴스를 보면서 안타까움을 느낀다. 'AI로 MRI 판독을 했더니 영상 판독 속도가 몇 배 향상되었다'는 식의 보도가 그것이다. 왜 이것을 AI가 해야 하는가? 사람의 생명을 다루는 분야에서는 속도보다 정확성과 신뢰도가 더 중요한 것이 아닌가? 영상 판독을 전문적으로 담당하는 영상의학과 의사가 과연 속도의 향상을 원했을까? 포레스트 검프처럼 무작정 뛰다가 운 좋게 의미 있는 성취가 걸려드는 상황을 AI 시대에는 기대해서도 안 되며, 이를 조장하는 문화를 조직에 심어서는 절대 미래가 없다.

문제를 정의하는 문화를 조직에 심어라

업무의 목적, 즉 문제를 정의하는 문화는 조직적 메타인지 강화에 핵심적인 부분이다. 이를 통한 조직적 메타인지 강화를 위해 리더가 해야 하는 역할은 아주 간단하다.

첫째, 업무의 목적을 정확히 알려주는 것이다. 이것은 리더의 역할이자 의무다. 두루뭉실하게 업무를 던지고, 알아서 하라는 식의 업무 지시는 조직적 메타인지를 저하시키는 방법이다. 항상 업무의 배경과 목적을 실무진들이 이해할 수 있도록 하는 것은 업무 지시를 잘하는 법이기도 하다.

둘째, 업무의 지향점을 아는지 끊임없이 질문해보는 것이다. 이는 조직적 메타인지를 올리는 쉬운 방법이면서, 업무의 성과를 끌어올리는 효과도 있다. 왜 이것을 하는 것인지, 리더로서 나는 왜 이것을 중요시 여기는지 끊임없이 소통해야 한다. 첫 번째 역

✿ 왜 업무를 해야 하는지 모르는 구성원들

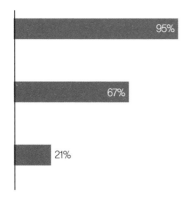

95%

대기업 및 중견기업의 직원 95%는 본인 회사의 전략이 무엇인지 모르고 있다.
– 〈하버드 비즈니스 리뷰〉(2005.10)

67%

기업체 시니어 매니저 레벨의 67%가 CEO가 이야기한 우선순위 또는 회사의 전략을 알지 못한다.
– 〈하버드 비즈니스 리뷰〉(2015.02)

21%

이사회 구성원의 21%만이 회사의 전략을 완전히 이해하고 있다.
– 〈맥킨지 쿼터리〉(2013.02)

할이 업무 지시를 잘 하는 법과 공통점이 있다면, 두 번째 방법부터는 구성원들의 사고 흐름, 즉 메타인지를 강화하는 데 더 도움이 된다.

셋째, 구성원들이 서로의 업무 목적에 관심을 갖고 있는지 확인해본다. 유기적으로 얽힌 조직 안에서 각자의 업무가 다른 사람들과 어떤 상관관계 및 인과관계가 있는지 확인하는 것은 조직적 메타인지 향상에 큰 도움이 되며, 조직 내 사회적 메타인지의 개선에도 보탬이 된다.

여기서 설명한 세 가지 방법을 실천할 때는 조직 리더의 인식과 구성원의 인식 사이에 차이가 존재할 수 있다는 점을 염두에 두어야 한다. 실제 필자가 경험했던 조직 중에는 리더가 본인 조직에서는 업무 목적이 명확히 설명되고 있다고 생각하는 경우가 있었다. 또한 해당 리더는 구성원들이 업무 지향점에 대한 이해도가 높지는 않고, 다만 상호 간에 업무 목적에 대한 관심을 갖고 있는 것 같다고 생각했다. 그러나 구성원들에게 확인해보니, 구성원들은 업무 지향점에 대한 이해 욕구는 크나, 업무 목적이 명확히 설명되지 않는다고 답변했다. 또한 구성원 대다수가 서로의 업무 목적에 관심이 없다고 인식하고 있었다. 조직에 대한 리더와 구성원의 인식이 완전히 다른 것이다.

조직적 메타인지 차원에서는 우선 조직의 현 상황에 대한 리더와 구성원의 인식을 통일하는 것부터 문제해결을 시작해야 한다. 메타인지의 구성 요소로 따지자면 노왓(Know-what)의 통일이다. 토요타 생산 시스템을 창안한 타이치 오노 전 토요타 부회장은 "문제가 없다고 생각하는 것이 가장 큰 문제"라는 격언을 남겼다. 구성원들이 조직에 대해 갖고 있는 문제의식이 같은 선상에 있는 것, 이것이 조직적 메타인지의 시작이자 반이다.

직관도 사유의 대상이 되어야 한다

서울 여의도에 위치한 IFC(International Finance Center)는 서울에 국제금융허브를 만들겠다는 계획의 일환으로 건설되었다. 2011년에 One·Two·Three IFC 3개의 사무동과 특급 호텔 한 동으로 구성된 콤플렉스가 완공되었다. 홍콩, 상하이 등의 주요 도시에 세워진 IFC와 유사하면서, 지하 쇼핑몰 등 편의 시설이 쾌적하게 갖춰져 있고, 글로벌 금융 및 컨설팅 업체 등이 입주해 금세 여의도 직장인들의 랜드마크가 되었다. 2016년 롯데월드 타워가 세워지기 전까지는 서울시에서 가장 높은 빌딩이라는 타이틀도 갖고 있었다.

필자는 이 IFC에서 10년을 넘게 근무했다. 근무하던 글로벌 컨설팅 업체가 OneIFC의 터줏대감일뿐더러, 이후 창업을 하고 회사가 성장하면서 TwoIFC에서 ThreeIFC로 사무실을 옮기게 되었다. 결국 10년간 3개의 사무동 빌딩을 모두 경험하게 된 것이다. 그만큼 이곳이 익숙해졌고 애정도 생겼다.

각 동마다 생활하며 한 번씩 꼭 들었던 입주사의 불만이 있는데, 바로 화장실이 협소하다는 것이다. IFC 사무동의 1개층은 전용면적이 250평을 넘는다. 그런데 화장실이 남녀 각 1개씩이고, 남자 화장실을 기준으로 보면 남성용 소변기가 4개, 칸막이로 구성된 변기가 3개다. 필자가 체감하기로는 삼성서초사옥의 1개층 대비 IFC의 면적이 2배가량 넓지만, 화장실은 절반 이상 작다. 이렇다 보니 점심 시간 이후 각 층마다 화장실이 상당히 번잡해질 수밖에 없다.

하여 글로벌 컨설팅사의 최고운영책임자(COO) 역할을 수행하고 있을 때, 화장실이 좁으니 자체적으로 확장할 수 있는지 건물관리업체에 문의했다. 답변이 오기를 '글로벌 스탠더드에 적합하게 설계되고 지어진 만큼 변경할 이유가 없다'고 했다. 필자도 전략 컨설팅을 진행하면서 수많은 글로벌 성공 사례에 대한 벤치마킹을 진행해보았지만, 맥락 없는 선진 사례 스터디라는 것이 얼마나 의미 없는 것인지를 다시 한번 상기할 수 있었던 일화다.

글로벌 사례를 벤치마킹했다는 것은 아마 선진국 건축물에 해당하는 인당 사무 공간 면적을 기반으로, 몇 명의 인력이 1개 층에서 상주할지를 추산했을 것이다. 그리고 그렇게 추산된 인원 수가 화장실을 사용하는 빈도 및 시간을 고려해 설계를 진행했을 것이다. 그러나 이것을 한국에 적용하는 순간 불편은 당연히 생기기 마련이다.

임대료 절감 등의 이유로 우리나라는 아직까지 인당 사무 공간 면적이 선진국에 비해서 더 좁다는 사실을 생각하면 납득하기 쉬울 것이다. 그 밖에도 많은 사람들이 식사 후 양치를 하는 독특한 풍경도 있기 때문에 화장실 이용 빈도 및 시간은 더 길다. 해외에서 근무할 때를 떠올려보면, 외국 동료들은 점심 식사 자체를 잘 안 하기도 하지만 식사 후 사무실에서 양치하는 모습을 찾아보기가 쉽지 않다.

만약에 설계 당시 이러한 맥락과 가능한 경우의 수를 고려해 조직적 메타인지가 좀 더 활발히 작동했다면, 아마 IFC 화장실은 지금과 다른 모습이 되었을 것이라 생각한다. 필자의 경험으로 봐도 금융 회사가 주로 입주하는 선진국 사무실에서 이 정도 넓이에 이 정도 화장실 크기면 적당하다는 것은 직관적으로 받아들일 수도 있는 문제다. 그러나 맥락에 비추어 그 대안이 정말 최선인지 물을 수 있는 것이 조직적 메타인지다. 직관의 영역도 사유의 대상으로 끌어내는 것이 조직적 메타인지의 향상을 위해 리더가 해야 하는 일이다.

구조적 논의 문화를 조직에 심어라

집단사고(Group Thinking)라는 용어를 한 번쯤 들어보았을 것이
다. 이는 여러 사람이 머리를 맞대면 더 좋은 해결책이 나온다는
집단지성과는 완전히 반대되는 개념이다. 집단사고는 1972년 미
국의 사회심리학자인 어빙 재니스(Irving Janis)가 제시한 개념이
다. 기업 구성원같이 하나의 목표를 향해 강한 응집력으로 결속
된 조직이 갈등을 최소화하고 상대방의 의견에 반박을 하지 않
으려는 현상을 의미한다. 이는 반대 의견이 제시될 수 없는 상태
이고, 종종 상식적으로 이해가 안 될 정도의 불합리한 결정을 조
직이 내리게 만든다. 조직적 메타인지가 완전히 멈춘 상태가 되
는 것이다.

대표적인 집단사고 사례로 교과서에 등장하는 것이 챌린저 우
주왕복선 폭발 사고다. 1986년 1월 발사된 챌린저 우주왕복선은
발사된 지 73초 만에 상공에서 폭발해 우주비행사 7명 전원이 사
망했다. 일부 부품의 문제였다. 추후 확인해보니 발사하기 몇 주
전부터 해당 부품의 담당자인 밥 에블링이 문제 발생 위험에 대
해 수차례 경고했지만, 담당 조직에 의해 묵살되었다. 제3자 입장
에서 생각하면 상식적으로 납득이 안 가는 일이다. 그러나 이러한
집단사고는 조직적 메타인지를 향상하고자 하는 문화가 없는 대
다수 기업에서 자주 발생한다.

'시장 점유율을 유지하기 위해 손해를 감수하면서라도 매출

챌린저 우주왕복선 발사 장면

을 늘려야 하는가?' '수행할 능력이 없다는 것을 알면서도 업무를 수주해야 하는가?' '생산 능력이 모자라다는 것을 알면서도 향후 생산 시설 확장을 염두에 두고 일단 주문량을 확보해야 하는가?' '비상식적 요구를 하는 거래선을 유지해야 하는가?' 등의 딜레마는 비즈니스 현장에서 직장인들이 한 번쯤 접해보았을 기업들의 대표적인 집단사고 사례다.

시장 점유율을 유지하기 위해 손해를 보면서도 매출을 늘려야 한다는 이야기를 들은 적이 있는가? 비상식적인 요구를 하는 거래선을 영업 차원이라는 이유로 어쩔 수 없이 유지하라는 이야기를 들은 적이 있는가? 그렇다면 왜 그래야 하는지, 다른 대안은 없는지 스스로 질문을 던져본 적이 있는가? 이렇게 말이다. 시장 점유율을 유지함으로써 얻는 이익을 다른 방식으로 취할 수는 없는 것인가? 비상식적인 요구를 하는 거래선 대신에 지속 가능한 거래선을 추가로 확보할 수 있는 방법은 없는 것인가? 없다면 수출조차 어려운 것인가? 정말 모든 가능성이 검토된 것인가? 조직적 메타인지가 뛰어난 곳은 이러한 논의가 가능한 곳이다.

집단사고라는 개념을 처음 제시한 어빙 재니스는 집단사고를 예방하는 방법으로 다음 다섯 가지 내용을 제시했는데, 이는 메타인지의 각 개념과도 매우 유사하다. 핵심 내용을 간략히 정리하면 다음과 같다.

1. 조직 내 비판하는 평가자 역할 부여
2. 리더 본인의 의견 제시 자제
3. 조직 밖의 멘토에게 조언 요청
4. 사안에 대한 노하우(Know-how)가 있는 전문가 초빙
5. 회의 시 악역(Devil's Advocate, 의무적으로 반론만 계속 펴는 사람) 지명

집단사고를 사전에 방지하는 것에서 나아가 그 대안을 구조적으로 논의하는 것을 조직의 구조적 논의 문화라고 부를 수 있다. 구조적 논의는 조직 구성원들이 핵심 질문을 세우고 이를 공

유한 상태에서 그 해결책을 구조화하기 위해 진행하는 공식·비공식 회의가 그 실체다. 정의된 문제를 놓고 자유롭게 토론하는 브레인스토밍(Brainstorming)과는 다른 개념이므로 혼동이 없어야 한다. 브레인스토밍이 참신한 아이디어나 초기 논의를 위한 것에 가깝다면, 구조화 논의는 산발적으로 존재하는 해결과 관련된 아이디어, 인식과 인지를 정리하기 위한 것이다. 구조화 방법은 앞서 3장의 구조화 부분에서 다룬 내용을 참고하면 된다.

조직 내 논의가 구조적으로 진행될 수 있도록 하는 것이 조직적 메타인지를 향상하기 위해 리더가 해야 하는 일인데, 구조적 논의 문화를 조성하기 위해 리더가 해야 하는 일은 다음 세 가지로 요약된다.

1. 제시된 대안이 전부인지 질문하라. 대안을 상위 인지로 레벨업(Level-up)해보면 다른 각도의 대안이 나올 수 있는 것은 아닌지, 레벨다운(Level-down)했을 때 더 구체화되어 나타날 수 있는 대안은 없는지 끊임없이 질문해야 한다.
2. 직관의 영역도 사유의 대상이 되고 있는지 확인하라. 업계의 신념이나 관행에 대한 오래된 믿음을 깨야 한다. 당연하게 받아들이던 것에 대해 '왜'라는 질문을 던져보라. 특히 코로나19 이후의 상황처럼 새로운 노멀(뉴노멀, New Normal)이 자리 잡고 있는 환경에서는 더욱 유효한 방식이다.

3. 구조화 담당자를 선임하라. 회의마다 의견들을 구조화해
   판서하거나 정리해 참여자들의 논의가 어떻게 정리되고
   있는지를 보여줘야 한다. 또한 논의 내용 정리를 담당할
   기회를 고르게 부여해 이를 습관화해야 한다.

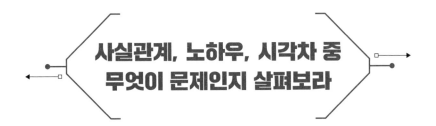

사실관계, 노하우, 시각차 중
무엇이 문제인지 살펴보라

언쟁이 벌어지는 이유를 알아야 한다

오래전에 한 취업 포털에서 흥미로운 설문조사를 진행했다. 설문은 20대에서 30대의 직장인 약 2천여 명을 대상으로 업무 중에 싸워본 적이 있느냐는 질문을 던졌는데, 80% 넘는 응답자가 '있다'고 답했다. 싸움의 상대는 동료와 상사가 압도적으로 많은데, 가끔씩 CEO라는 답변이 눈길을 사로잡았다. 싸움의 원인은 업무의 대한 의견 충돌이 70%를 넘기면서 압도적으로 1위를 차지했다.

동료 간 싸움을 일으킬 정도의 업무 쟁점이 있을까 생각하는

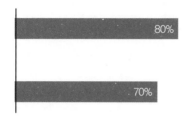

✿ 업무 중 대인관계 설문조사 결과

(취업 포털 '커리어' 조사)

80%
80%의 직장인은 업무 중 동료 또는 상사와 싸워본 경험이 있다.

70%
싸움의 원인은 업무 중 의견 충돌이 70%로 가장 많았다.

출처: 연합뉴스

사람도 있겠지만, 수많은 회의에 참석한 경험을 떠올려보면 미팅 중에 얼굴 붉히는 직장인들이 의외로 많다. 그때마다 필자는 업무에 대한 열정이 충분히 있기 때문에 가능한 일이라고 긍정적으로 평가했다.

사실 말 한마디를 하더라도 상대방을 거슬리게 하는 커뮤니케이션 스타일을 가진 사람이 있다. 그런 사람을 제외하면 직장인들이 업무 때문에 언쟁을 벌일 이유는 그다지 많지 않다. 필자가 관찰한 바로는 다음 세 가지 사례로 축약된다.

첫 번째는 사실관계에 대한 인식 차이가 있어서다. 웬만한 기업 수준에서는 과거 매출이 얼마였는지를 두고 논쟁을 벌일 일은 없지만, 업무 담당자가 아니면 정확히 알지 못하는 사실관계에 대해서는 종종 오해가 발생한다. 예를 들어 인사 담당자가 철저하게 조사해 경쟁사의 직급별 급여 수준을 파악하고, 이와 비슷한 수준으로 우리 회사의 올해 연봉 인상률 가이드라인을 설정했다. 그러나 직접 보고를 받지 못한 일부 리더급 구성원들은 우리 회사의 연봉 수준이 경쟁사에 비해 형편없는 수준이라는 인식을 갖고 있는 경우다. 흔히 직장인들은 자신의 월급은 다른 곳보다 적을 것이라고 많이 오해한다. 사실관계에 대한 인식 차이에서 생기는 대표적인 불만이나 오해다.

사실관계에 대한 인식 차이의 또 다른 예로 각종 사업계획 등에 활용되는 '가정(Assumption)'에 대한 의견 차이가 있다. 예를 들어 지난 3년간 개인 사정에 의한 퇴사율이 평균 5% 수준이었기 때문에 채용 계획에 이를 반영해 5% 정도 인력을 더 채용한다는 계획을 수립했다. 그러나 조직 내 누군가는 '지난 3년간의 퇴사율을 향후 계획 수립의 가정을 위한 기반 숫자로 활용하는 것이 적합한가'에 대한 의문을 던질 수 있다. 반면에 어떤 사람들은 그 방식이 적절하다고 볼 수도 있다. 이러한 것이 사실관계에 대한 인식 차이다.

두 번째는 노하우에 대한 인식 차이 때문이다. 문제를 해결하는 방식은 다양하다. 이 경우 어떠한 방식을 택하는 것이 최선인가에 대한 인식 차이가 있을 수 있다. 예를 들어 전반적으로 보상 수준이 낮아져 구성원들의 근로 의욕이 저하되고 있는 문제가 있다면, 이에 대한 해결 방식은 몇 가지가 있을 수 있다. 연봉액을 높이거나, 파격적인 복지 혜택을 부여하거나, 스톡옵션을 주는 등의 방식이 고려될 수 있다. 이 중에 어떤 것이 비용 대비 구성원들의 만족도를 가장 올려줄 바람직한 방안인지에 대해서는 다양한 의견이 있을 수 있다. 이것이 노하우에 대한 인식 차이다.

세 번째, 문제를 바라보는 시각(Perspective) 차이다. 필자가 경험한 갈등 상황의 대부분을 차지하는 원인이며, 고객사 교육이나 강연을 진행할 때 가장 강조하는 부분이기도 하다. 이는 2장 '일관성을 유지한다'에서 설명한 내용을 참고할 필요가 있다. 간략히 내용을 요약하면, 원뿔 같은 하나의 사물을 바라볼 때도 어느 시각에서 바라보느냐에 따라 원으로 보이기도 하고, 삼각형으로 보이기도 한다. 원뿔이라는 실체를 놓고 구성원끼리 원이냐 삼각형이냐를 가지고 언쟁을 벌일 문제가 아니다. '이 문제를 해결하는 데는 이런 시각으로 보는 게 맞지 않겠는가?' 하는 것이 상호 간 이해의 폭을 좁히는 핵심 쟁점이 되어야 한다.

보통 시각차는 문제 정의와 문제에 대한 원인 분석에서부터 갈리는 경우가 많다. 앞서 언급한 보상 수준의 경쟁력과 관련한 예시로 잠시 돌아가보겠다. 해당 예시에서 일부 구성원은 일하는 시간에 비해 보상 수준이 낮다는 문제의식을 가질 수도 있고, 어떤 구성원은 자존심 문제이기 때문에 보상 수준이 중요하다고 볼 수도 있다. 문제의식도 그 시각이 약간씩 다른 것이다. 또한 문제의 원인도 회사의 수익 구조에서부터 평가 시스템까지 다양한 분야에서 찾을 수 있다. 문제 원인에 대해서도 다양한 시각이 존재하기 때문이다. 이렇게 다양한 의견들을 모으려면 문제에 대한 정의에 확실하게 공감하고, 이를 해결하기 위해 상대방은 어떤 시각으로 바라보는 것인지를 이해하고자 노력해야 한다. 나와 상대방이 바라보는 시각에 대한 이해를 가능하게 해주는 것은 메타인지의 전형적인 장점이다.

사실관계, 노하우, 시각차를 알면 회의가 효율적이다

이렇듯 조직에서 업무에 따라 생기는 이견은 사실관계에 대한 이슈, 노하우에 대한 견해 차이, 같은 문제에 대한 시각차 중 하나에 속한다. 구성원들이 이 세 가지 원인 중 무엇에서 비롯된 언쟁을 벌이고 있는지를 인지하고 확인하는 과정에서 조직적 메타인지가 향상된다. 이 측면에서 조직적 메타인지 수준을 올리고, 구성원들이 문제해결을 위한 합리적인 방안을 찾는 데 리더가 도움을 줄 수 있는 방법은 다음과 같다.

1. 사실관계가 문제라면 회의를 중단하고 사실관계를 파악하도록 유도한다. 가정을 수립하는 데 필요한 사실관계에 격차가 크면, 각 시나리오를 적용했을 때 달라지는 결과값의 차이가 얼마나 큰지를 보게 하라. 만일 대세에 지장이 없다면 언쟁할 필요도 없다. 반면 차이가 크다면 사실관계에 대한 부분을 확인하고 다음 단계로 넘어가도록 독려하라.
2. 노하우에 대한 인식 차이가 있다면, 객관적인 전문가의 조언을 얻어라. 외부 전문가를 구하는 것도 좋은 방법이다.

✿ 직장인이 평가한 회의 문화

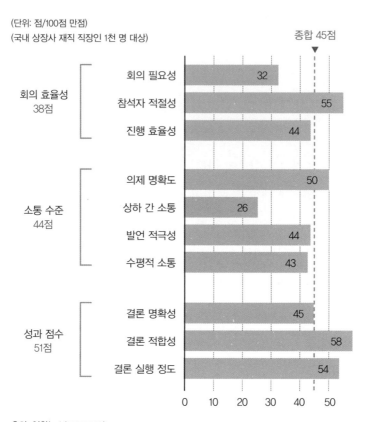

(단위: 점/100점 만점)
(국내 상장사 재직 직장인 1천 명 대상)

종합 45점

회의 효율성 38점
- 회의 필요성: 32
- 참석자 적절성: 55
- 진행 효율성: 44

소통 수준 44점
- 의제 명확도: 50
- 상하 간 소통: 26
- 발언 적극성: 44
- 수평적 소통: 43

성과 점수 51점
- 결론 명확성: 45
- 결론 적합성: 58
- 결론 실행 정도: 54

출처: 연합뉴스(2017.02.26)

AI 시대에는 몇 번의 인터넷 검색과 간단한 계약 절차를 거쳐 해당 산업에 정통한 베테랑을 시간 단위로 연결해주는 서비스가 넘쳐난다. 소중한 구성원들의 시간을 노하우에 대한 언쟁으로 소비하게 하지 마라.

3. 시각차가 발생하면 문제 정의와 원인에 대한 시각부터 일

치시켜라. 노사 문제부터 시작해서 화장실 방향제의 향을 결정하는 사소한 문제까지 기업 구성원들의 첫 번째 갈등 요소는 이 시각차 때문임을 명심하자. 서로의 시각에 대한 언쟁을 하고 있으면 문제에 대한 인식이 같은지 확인하고, 원인에 대한 인식이 같은지 확인한다. 그다음에는 문제를 해결하려면 어떤 시각으로 바라보는 것이 좋은지에 대한 논의를 유도하라. 구체적인 시각에 대한 논쟁으로 레벨다운시키면 절대 안 된다.

효율적으로 일하는 팀의 특징 중 하나는 효율적인 회의를 진행한다는 것인데, 필자는 이를 메타인지적 회의라고 부른다. 메타인지적 회의가 이루어지는지 여부는 그 조직이 문제해결을 합리적으로 하고 있는지의 바로미터가 된다.

한 조직이 문제를 해결하는 방식 중에는 충분한 논의 과정 없이 메타인지가 뛰어난 소수의 리더에 의해 솔루션이 도출되고, 나머지 구성원은 팔다리 역할만 하는 경우도 간혹 목격된다. 그러나 이러한 사례는 조직적 메타인지가 높은 조직의 모습은 분명 아니다.

사실 이 글의 서두에 소개한 설문조사는 취업 포털 '커리어'에서 2008년에 진행한 설문이었다. 12년이 지난 지금, 이 설문에 답했던 젊은 직장인들은 각 조직에서 임원 등 리더급이 되어 있을 것이다. 이제는 많은 경험과 함께 조직을 이끄는 리더 자리에 오른 만큼 싸울 일이 없는 조직을 만들고 있을 것이라 믿는다.

업무 때문에 싸울 일이 없는 곳은 합리적인 문제해결 방식을 가진 조직이다. 지금부터 언성이 높아지는 회의가 있다면 사실관계, 노하우, 시각차 중 무엇이 문제인지 가만히 들여다보길 바란다.

과정을 통해 배울 수 있는 체계를 만들어라

평가 체계는 평가자에 대해 알게 해준다

매출액 기준으로 세계 최대의 글로벌 경영 컨설팅사인 딜로이트는 오랫동안 정교한 평가 체계를 유지해왔다. 그러나 컨설턴트 1명이 1년에 적게는 1개에서 많게는 4~5개의 고객사 프로젝트를 각각 다른 프로젝트 팀원들과 진행하는데, 이런 구조에서는 평가상 다양한 이슈들이 양산된다.

일단 프로젝트를 장기간 1개만 수행한 컨설턴트의 경우 평가자가 해당 프로젝트의 매니저 및 그 보고라인으로 한정될 수밖에 없다. 해당 프로젝트의 맥락을 모르는 다른 사람이 이를 평가

할 수는 없지 않은가? 반대로 프로젝트를 4~5개 수행한 경우에는 평가자가 4~5명의 프로젝트 매니저로 다양하다. 이들이 한결같이 좋은 평가를 주거나, 비슷한 개선점을 지적하면 평가상의 큰 무리는 없다. 그러나 현실은 늘 그렇지 않다.

어떤 프로젝트 매니저는 높은 평가를 주는 반면, 어떤 프로젝트 매니저는 상당히 냉정한 평가를 내리는 경우가 다반사다. 1년간 해당 컨설턴트에 대한 평가를 종합해 판단해야 하는 조직 리더 입장에서는 이를 어떻게 받아들여야 할까? 또한 프로젝트를 1개만 수행한 컨설턴트와 평가가 엇갈리는 4~5개의 프로젝트를 수행했던 컨설턴트 둘 중에는 누구를 먼저 승진시키거나 보너스를 더 지급해야 할까?

현실에서는 고객사의 만족도라는 주관적인 결과가 또 다른 변수로 고려되면서, 위에 설명한 내용보다 평가가 훨씬 복잡해진다. 결론적으로 평가를 통한 컨설턴트의 서열화 자체에 상당한 어려움과 고민이 생길 수밖에 없다. 이 문제에 조직적 메타인지를 가동한 딜로이트는 다양한 방식의 솔루션을 제시하고 시도해보았다. 예를 들어 특정 직급 이하는 정량 지표로 일단 서열화해보는 식이다.

여러 대안을 고려한 후 결국 딜로이트가 10년 이상 활용한 평가 체계는 카운슬러에 의한 전체 평가 결과의 조율 방식이었다. 이 방식을 택한 이유는 간단하다. 반드시 평가를 통해 인재들을 서열화해야 하는지에 대한 의견이 나온 것이다. 물론 평가를 통한 서열화가 꼭 필요한 것은 아니다. 다만 승진을 시켜야 하는 인재들, 보너스를 좀 더 많이 받아야 하는 인재들, 급여 인상이 되어야 하는 인재들은 구분되어야 한다. 결국 특정 상위 등급, 중간 등급, 개선의 필요성이 큰 등급 정도의 그룹화는 반드시 필요하며, 이것이 가능한 체계라면 등수가 매겨지는 서열화까지는 필요 없다.

그러나 지난 세월간 딜로이트의 평가를 보면, 이 정도 간단한 등급을 구분하기 위해서라고 보기에는 너무나 많은 자원과 전문가들이 투입되었다. 이는 평가 과정을 통해 얻을 수 있는 다른 효과가 더 컸기 때문이다. 바로 이 평가 과정을 통해 인재를 양성하고 그들의 인생에 잊을 수 없는 교육을 제공할 수 있었다.

해당 평가 과정을 간략히 설명하면 다음과 같다. 우선 모든 피평가자에게는 1명의 카운슬러가 배정된다. 카운슬러는 피평가자를 평가한 프로젝트 매니저를 만나 평가의 배경과 피평가자가 더 나은 성과를 거두는 데 필요한 진솔한 조언을 듣는다. 카운슬러는 또한 피평가자를 만나 왜 이런 평가 결과가 나왔는지에 대한 본인의 생각과 업무 중 겪었던 애로 사항을 듣는다. 이 과정을 몇 차례 반복 진행한다.

만일 평가자와 피평가자의 말이 엇갈리면, 카운슬러는 해당 업무에 참여했던 동료 및 후임자 등 다양한 이해관계자를 통해 최대한 객관적인 시각을 확보한다. 이렇게 종합한 내용을 바탕으로 카운슬러가 가장 객관적으로 정리된 피평가자의 1년간 성취와 추후 개선점을 정리해, 모든 카운슬러 및 조직 리더가 모인 자리에서 브리핑을 진행한다.

카운슬러들과 조직 리더는 도출된 개선 방안이 해당 인재를 육성하는 데 최적의 방안인지에 대해 토의한다. 인재를 1명 더 개발하고 육성하는 데 필요한 조직적 메타인지가 최대한 발휘될 수 있도록 설계된 체계다. 이 체계는 딜로이트 한국에서도 아직 사용하고 있는 유효한 시스템이다. 그러나 딜로이트 미국은 2016년, 평가 과정을 통한 인재 육성이라는 당초 의도를 더욱 강화하는 형태로 체계를 뜯어고쳐 운영 중이다.

2015년 4월 〈하버드 비즈니스 리뷰〉에 소개된 딜로이트의 새로운 평가 체계는 직원의 평가 등급에 대해 논의하는 시간을 줄이고, 직원의 미래 성과 개선에 더 초점을 맞춘 형태다. 딜로이트가 평가 체계를 다시 한번 수정한 이유는 조직적 메타인지의 아주 좋은 사례가 되었다. 딜로이트가 지난 10년간의 성과 평가 데이터를 놓고 보니, 실제 장기적 성과와 평가 등급은 아무런 상관관계가 없다는 것을 인식했던 것이다. 10년 전 평가에서 그저 그런 등급을 받았으나 최고 임원이 되어 있는 경우도 있었고, 그 반대로 기대가 컸던 인재는 지지부진한 성과를 내는 경우도 많았다. 통계적으로 설명하기가 어려운 지경이었다. 그래서 데이터를 잘 살펴보니 평가 결과와 가장 상관관계가 뛰어난 하나의 요소는 바로 평가자의 성향이었다. 결국 평가 결과는 평가 대상보다는 평가를 내리는 사람의 성향만을 알려준다는 것이다.

이에 따라 딜로이트 미국은 이른바 '강점 중심 인재 개발 평가 모델'이라는 것을 도입했다. 이 체계는 평가자에게 많은 것을 묻지 않는다. 어차피 물어봐도 평가자의 개인 성향만 반영된다고 보았기 때문이다. 새로운 체계에서 물어보는 핵심은 딱 세 가지다.

1. 이 사람은 다음 단계의 역할(승진을 의미함)을 수행할 수 있습니까?
2. 이 사람이 활용한 본인의 강점은 무엇입니까?
3. 피평가자 본인은 자신이 강점을 활용할 수 있는 업무를 맡았다고 생각합니까?

강점은 본인이 잘하고 싶은 일을 의미한다

딜로이트의 직원 평가 과정에서 확인하는 '강점(Strength)'이라는 것은 당연히 본인이 잘할 수 있는 일을 뜻한다. 물론 예외가 있는데, 본인이 잘하더라도 하고 싶지 않은 일은 강점으로 정의하지 않는다. 반면에 해당 업무를 마스터한 상황은 아니더라도 그 업무에 가슴이 뛴다고 느낀다면 이는 강점을 활용한 것으로 정의한다.

실제 수년간 엑셀을 활용한 재무 모델링을 전문적으로 담당해서 해당 업무에 통달한 컨설턴트가 있었다. 하지만 정작 본

⚙ **강점 활용 조직이 보여준 높은 성과**

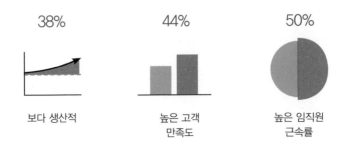

38%	44%	50%
보다 생산적	높은 고객 만족도	높은 임직원 근속률

출처: 딜로이트 컨설팅

인은 그 업무를 이제 더 이상 하고 싶지 않아 했고, 새로운 업무를 해보고 싶다고 했다. 희망 업무를 확인해보니 디자인적 사고(Design Thinking)에 기반한 신사업 아이디어 창출 등의 분야를 원했다. 해당 업무를 맡겨보니 썩 높은 성과가 나오지는 않았지만, 딜로이트에서는 이를 강점 분야로 본다. 그리고 이러한 가슴 뛰는 업무를 지속적으로 맡았을 때 인재의 육성과 근무 지속성에 긍정적인 효과가 있다고 믿는다.

딜로이트의 조사에 의하면 자신의 강점을 활용하고 있는지 물었을 때 구성원들이 '그렇다'라고 답변한 조직은 생산성이 38% 높고, 고객 만족도는 44%가 높으며, 이직하지 않을 확률은 50% 높았다. 다시 한번 상기하자면 딜로이트가 정의하고 있는 강점은 단순히 잘할 수 있는 업무를 의미하는 것이 아니다. 본인이 하고 싶어 하는 동기부여가 강조된 개념이다. 이는 자연스럽게 조직 구성원들의 업무 몰입과 평가 과정의 피드백에 대한 관심도를 끌어올리는 긍정적인 효과가 있다. 내가 하고 싶었던 업무를 담당해 열심히 진행하고, 무엇을 더 잘할 수 있는지 회사가 알려주겠다는데 좋아하지 않을 직원이 있을까?

이처럼 평가 체계를 강점 중심으로 전환하면서도 딜로이트에서 바뀌지 않은 체계가 있다. 메타인지적 회의를 거쳐 최종 판단이 내려진다는 점이다. 여전히 카운슬러들이 피평가자마다 배치되며, 이들은 1년에 2번 모여 장시간 피평가자들에 대한 논의를 진행한다. 다만 그 주제가 '평가 등급'이 아니라 '어떻게 이 사람을 우리 회사의 인재로 만들 것인가?'로 바뀌었다는 점만 다르다. 구체적으로는 '회사가 이 사람에게 강점을 발휘할 수 있는 업무를 맡겼는가?'를 논의한다. 만약 그렇지 않았다면 '왜 그럴 수밖에 없었던 것인지' 그리고 '다음에 이 사람에게 강점 영역을 맡기려면 무엇을 해야 하는지'에 대해 토의한다. 만일 강점 영역에서 업무를 진행했다면 '무엇을 더 잘할 수 있을지' '그를 위해 우리가 해줘야 하는 것은 무엇인지'를 토론한다.

딜로이트의 사례가 다른 많은 조직의 리더들에게 전달하는 시사점은 명확하다. 바로 장기적으로 조직적 메타인지 향상을 위해 업무 과정에서 배울 수 있는 체계를 만들어야 한다는 점이다. 이는 보통 평가 체계와 연동된다. 그리고 이러한 체계가 잘 작동하고 있는지 확인하기 위해 다음 내용을 지속적으로 질문해야 한다.

1. 조직 구성원은 본인이 희망하는 업무를 수행하고 있는가?

2. 무엇을 잘하는지 알 수 있는 피드백을 받은 적이 있는가?

3. 무엇을 더 잘할 수 있는지에 도움이 되는 피드백을 받은 적이 있는가?

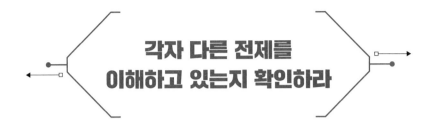

각자 다른 전제를
이해하고 있는지 확인하라

상대의 인식을 이해하는 것이 공감보다 중요하다

소통의 핵심은 '경청'이다. 그리고 경청의 핵심은 상대방의 인식에 대한 이해다. 이는 흔히 이야기하는 '공감'과는 다른 개념이다. 공감은 상대의 전제를 그대로 받아들이고, 이에 따른 상대의 마음을 있는 그대로 이해하는 것이다. 이는 곧 상대의 이야기에 집중한다는 것이며, 내가 이해한 상대의 마음을 그대로 표현해 확인하는 것이다. 반면에 상대방의 인식을 이해하는 과정은 메타인지적 과정이 요구된다. 상대방이 어떤 문제의식을 갖고 있으며, 문제해결을 위해 어떤 인지적 과정을 거치고 있는지에 대한 이해가 공감보다 더 중요하다.

흔히 공감의 3단계는 다음과 같다고 알려져 있다.

1. **관심 표현:** 언어적 또는 비언어적 요소를 활용해 상대의 이
야기에 관심이 있다고 알리는 행위다. 눈을 마주치며 고개
를 끄덕이거나 "아, 맞아!"와 같은 추임새를 넣어 경청하고
있다는 신호를 주는 것이다.

2. **반복 표현:** 위의 관심 표현을 반복적으로 또는 주기적으로
표현하는 것이다.

3. **감정 이입:** 상대의 감정이나 느낌을 추측해보고 그 감정을
말로 표현하는 단계다. "너무 힘들었겠다." 등으로 상대의
고민을 말로써 함께해주는 것이 대표 예시다.

인간의 공감 능력이 그렇게 단순하지는 않겠지만, 이 공감 프
로세스가 AI에 의해 재현이 가능하다는 점은 어쩔 수 없이 인정
해야 한다. 실제 AEI(Artificial Emotional Intelligence, 감성인공지능)
라는 분야에서 상당히 많은 연구와 시도가 이루어졌고 이미 상
용화된 AI 서비스도 있다.

인간의 감정에 대한 공감의 재현은 1990년대부터 시작되었
다. 이른바 '감성 컴퓨팅(Affective Computing)'이 대표 사례다. 사
람의 얼굴 표정, 자세, 심박수, 뇌파 등과 같은 생리 신호를 분석
해 인간의 감정 상태를 인식하는 것이 그 출발이었다. 이후 다양

한 생체 데이터가 쌓이고, 딥러닝을 필두로 AI 머신러닝이 발전하면서 AEI로까지 넘어오게 되었다. 국내에서도 비전 인식, 뇌전도, 심박수 등의 데이터를 추출해 사람의 감정을 12개로 구분하고 이에 대한 AI 반응을 학습시키는 시도 등이 있었다.

AI 시대에 인간 조직에서 강조해야 하는 것은 공감이 아닐 수 있다. 오히려 조직 구성원 상호 간에 어떠한 인지 체계로 사안을 바라보는지를 파악하는 상대방의 인지에 대한 이해 능력이 훨씬 중요하게 여겨질 것이다. 물론 이는 인간만이 가능한 영역이기 때문에 그렇다.

AEI 사례로 알 수 있듯이 결과적으로 표출된 감정을 인식하고 이에 공감하는 것은 기술적으로 가능하다. 그러나 인간에게 주어진 인풋(Input)이 어떤 인지 과정을 거쳐 감정으로 표출되는지를 분석할 방도는 AI 또는 AEI에도 없다. 예를 들어 남편이 부인에게 "오늘 헤어 스타일이 좀 달라 보이는데."라고 이야기했는데, 부인 입장에서는 '오랜만에 미용실에서 머리 한 것을 남편이 알아주다니.' 하는 마음에서 기분이 좋아졌을 수 있다. 심박수, 뇌파, 표정과 말투에 긍정적인 변화가 일어나면 AI는 이를 인식하고 "오늘 헤어 스타일이 좀 달라 보이는데."라고 이야기하면 부인의 감정이 긍정적으로 변화했다는 것을 알 수는 있다.

하지만 만약 부인이 가사와 육아로 바빠 오랫동안 관리를 하지 못해 머릿결이 많이 상해 있는 상황에 남편이 동일하게 "오늘 헤어 스타일이 좀 달라 보이는데."라고 이야기했다면, 부인의 기분이 좋을 리는 없고 심란한 생각이 들 것이다. 이 경우에는 AI가 부인의 감정이 부정적으로 변한 것을 파악할 수 있다. 그렇다면 AI는 이 결과를 종합해, 남편이 "오늘 헤어 스타일이 좀 달라 보이는데."라고 언급하면 약 50% 수준의 확률로 부인에게 긍정적인 감정이 형성된다고 학습할 것이다. 문제는 부인이 표출한 감정이 상황에 따라 어떤 인지 과정을 거치는지는 AI가 분석하기 어렵다는 데 있다.

이 사례를 바탕으로 정리하면, AI 시대 인간 조직의 경쟁력 중 하나는 맥락에 따른 상대방의 입장을 이해하는 힘이다. 이는 단순한 공감을 넘어 서로의 인지 흐름을 이해하고자 노력할 때 발휘된다. 이를 위해 조직 구성원들은 먼저 상대방이 가진 문제의식이 무엇인지 파악하고자 커뮤니케이션 해야 한다. 그다음에는 문제의식의 원인에 대한 시각이 무엇인지를 파악하고자 커뮤니케이션 해야 한다. 그리고 상대방이 가진 대안과 그 대안이 도출된 전제나 배경을 이해하고자 커뮤니케이션 해야 한다.

나아가 어떤 조직이건 당면한 문제의 해결이나 공통의 목표 같은 '목적의식'이 있다는 점을 늘 상기해야 한다. 즉 조직적 메타인지가 높은 팀은 공통의 목표를 달성하고자 상대방이 가진 입장을 이해하려고 커뮤니케이션을 한다. 자신의 입장을 일방적으로 전달하기 위한 커뮤니케이션과는 완전히 다르다.

다양성이 조직의 성과를 높인다

필자가 글로벌 컨설팅사에서 최고운영책임자 등의 리더 역할을 수행하면서 느꼈던 당황스러움 중 하나는 잘 모르는 직원들이 필자에게 인사를 하는 것이었다. 여유가 있는 타이밍에 누군가 인사를 해온다면 친근하게 이름도 묻고 업무에 어려움은 없는지도 들어보고 싶은데, 안타깝게도 그럴 수 있는 여유가 필자에게는 거의 주어지지 않았다. 그저 바쁘고 어려운 리더로서의 인상만 남긴 듯해 개인적으로 아쉬움이 크다.

반면에 과거 글로벌 회사의 한국 지사장을 지냈던 한 여성 CEO는 필자와 정반대의 경험을 했기에, 필자가 상당히 부러워했다. 한국 최초의 여성 지사장이었던 이분은 800명에 이르는 전 직원의 이름을 기억하고 불러주는 것으로 유명하다. 이름만이 아니라 언제 입사했고, 어떤 부서에서 근무하고 있으며, 취미는 무엇인지까지 기억하고 직원들과 친근하게 대화했다. 이 회사의 이직률은 3%가 넘지 않아 산업 평균보다 월등히 낮았다.

어느 날 다른 기업체에서 교육을 진행하다가 이 사례를 소개했더니, 이제 막 사회생활을 시작한 한 신입사원이 부담스럽다는 반응을 보이는 것이 아닌가. 또 다른 신입사원은 '정말 좋다'는 반응을 보였다. 동일한 현상에도 어떤 구성원은 긍정적 반응을, 또 어떤 구성원은 부정적 반응을 보이는 것이 인간의 다양성이다. 조직적 메타인지가 높은 조직일수록 다양성이 필수 전제가 되어야 한다. 즉 모든 사람은 갖고 있는 전제가 다르고, 이를 인식하고 인지하는 과정이 다를 수 있다는 것이 조직 운영의 전제가 되어야 한다.

BCG(Boston Consulting Group)가 유럽에서 진행한 연구 조사에 따르면, 성별, 국적, 나이, 교육 수준, 경력, 산업 경험이 다양하게 섞인 조직일수록 '혁신'을 통해 발생하는 매출의 비중이 훨씬 높았다. 다양성이 전제된 조직은 새로운 서비스나 제품을 통해 발생한 매출의 비중이 더 높다는 것이다. 해당 연구에서 '왜'에 대한 부분을 설명하지는 않았다. 어떠한 인과관계가 존재하기 때문에 혁신 매출의 비중이 올라간다는 설명은 없는 것이다. 그러나 이는 메타인지적 관점으로 볼 때 설명이 충분히 가능한 결과라고 본다.

앞서 CEO가 모든 직원의 이름을 불러주는 문화 자체가 누군가에게는 무척 좋을 수 있지만, 누군가에게는 부담이 될 수도 있다는 사실을 인지하는 것이 조직 운영에서 다양성이라는 전제를 갖는 것이라 설명했다. 또한 그것이 조직적 메타인지가 높은 조직의 특성 중 하나라고 생각한다. 이때 조직 구성원들의 다양성을 더 많이 확보할수록 '서로 다름'에 대한 전제는 조직 구성원 전체에 습관화된다. 이러한 전제는 상대방을 이해하기 위한 커뮤니케이션 문화 조성에 대단히 유리하다. 일단 상대방은 나와 다른 것이 당연하다는 게 출발점이기 때문이다.

같은 원리가 여러분이 몸담고 있는 조직에도 충분히 적용된

여성 임원 비중이 높은 조직에서 새로운 서비스나 제품의 매출 비중

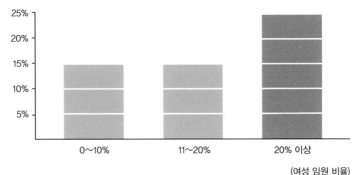

(혁신 매출의 중간값)

| | 0~10% | 11~20% | 20% 이상 |

(여성 임원 비율)

여성 임원 비율이 20% 이상일 때 혁신을 통한 매출 비중도 증가한다.

출처: 보스턴컨설팅그룹

다. 꼭 구성원 자체를 다양한 국적과 경험을 가진 사람들로 꾸릴 필요는 없다. 상대방의 시각을 이해하는 기본 전제가 조직 구성원들에게 있는지를 관찰하고 스스로 성찰하는 것으로도 동일한 결과를 낼 수 있다.

이를 위해 리더가 해야 하는 일은 다음과 같다.

1. 상대방과 나의 전제가 다르다는 것을 늘 인식하고 있는지 확인하라. 다양성 사회에서 구성원이 가진 전제는 나와 다른 것이 정상이라는 인식을 심어주어야 한다.
2. 상대방이 주장하는 이유에 대해 생각하는지 확인해보라.

이견이 있으면 상대방은 왜 저런 주장을 하고 있다고 생각
하는지 질문하라. 이런 간단한 연습만으로도 조직적 메타
인지는 향상된다.

3. 이견이 있을 경우 저 사람의 전제는 무엇인지 물어보라. 상
대방의 전제를 인식하고자 노력하는 습관을 구성원들에게
심어주어야 한다.

AI 적용 영역 결정하기

"파트너님, 개인적으로 비전 인식 알고리즘을 활용해 세포 개수를 세는 모델을 만들어볼까 하는데 어떨까요?"

"세포 개수는 갑자기 왜 세게 되었나요?"

나는 의아한 표정으로 샘에게 되물었다.

"제 학부 전공이 생명공학인데, 예전 실험실에서 현미경 속 세포를 300개씩 세던 기억이 나서요."

"아하… 일단 샘의 아이디어가 참신하기는 한데, AI를 적용할 분야를 정하는 것은 세 가지 판단 기준이 있다고 해요. 첫째는 데이터 가용성, 둘째는 언멧니즈(Unmet Needs), 셋째는 실현 가능성이죠. 이 중 언멧니즈는 비타민 계열인지, 진통제 계열인지도 고민을 해봐야 합니다."

"비타민과 진통제요?"

"비타민은 먹으면 좋은 것이지만 안 먹는다고 해서 생명의 위협이 있지는 않은 것을 뜻하고요, 진통제는 어딘가 매우 아파서 반드시 빨리 먹어야 하는 통증 완화제를 뜻하죠."

"아, 세포 세는 것이 진통제는 아니라는 말씀이시죠? 세포를 세는 것은 '없으면 안 된다'보다는 '있으면 좋겠다' 정도가 맞는 것 같습니다."

"네, 아무래도 상업적 가치가 높지는 않을 거 같습니다. 그럼에도 불구하고 조직적 메타인지를 키우기 위한 관점에서 샘의 아이디어인 '세포를 자동으로 세는 AI 알고리즘'이라는 것을 레벨다운 구조화하면 다음과 같이 될 것 같아요."

1. 세포를 대상으로 한다.
2. 자동으로 대상을 센다.

"이 중에서 상업적 가치가 높지 않은 것은 1번 세포를 대상으로 하기 때문이거든요. 2번에 해당하는 자동으로 무엇인가를 세는 것은 충분히 니즈가 많을 수 있습니다. 스마트 농업에서 가축 수를 센다거나 스마트 헬스케어에서 알약을 세는 것 같은 니즈 말이지요."

"아하, 예를 들어 양계장에서 닭이 몇 마리 있는지 세는 알고리즘 같은 것이로군요!"

"네, 맞습니다. 실제로 유사한 프로젝트 문의가 회사로 온 적이 있었죠."

"제가 엉뚱하게 생각했던 세포 개수 세기 아이디어가 실제 기업체의 니즈로까지 발전해 논의되는 이 과정도 상당히 배우는 점이 많네요."

"네, 이런 논의가 메타인지적 회의지요. 구성원의 의견 자체를 기각하거나 그대로 채용하는 것이 아니라 구조화하고 레벨업, 레벨다운 등의 생각하는 법을 통해 더 가치 있는 아이디어로 발전시키는 과정입니다."

"파트너님, 오늘도 감사드립니다. 저는 그럼 닭 세는 모델을 고민하러 가보겠습니다!"

METACOGNITION

7장

글로벌 기업들의
조직적 메타인지
사례

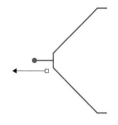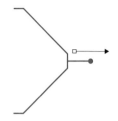

메타인지로
1년에 100억 벌기

구조화 방법을 비용 절감에 활용한다

세계 최대의 글로벌 인터넷 상거래 업체 중 하나였던 A사의 미국 본사에서는 심각한 회의가 오가고 있었다. 연간 마케팅 비용으로 수천억 원의 비용이 지불되고 있었는데, 그 효과성에 대한 의문이 회사 내외부에서 제기되었기 때문이다. 이에 따라 담당 조직은 외부로 지출되는 비용을 줄일 수 있는지를 먼저 파악하기로 했다.

담당 조직은 먼저 마케팅과 관련해 지출된 비용을 전표 수준으로 모두 긁어모았다. 이 비용 총액을 회계 장부상의 금액과 비

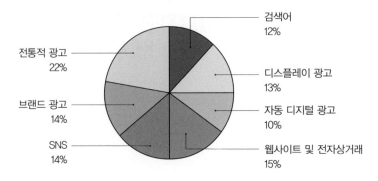

검색어
12%

전통적 광고
22%

디스플레이 광고
13%

브랜드 광고
14%

자동 디지털 광고
10%

SNS
14%

웹사이트 및 전자상거래
15%

출처: 글로벌 마케팅 전문회사 Percolate

교해보고, 1년 동안에 지출되는 마케팅 비용의 총액을 확인했다. 확인된 금액은 담당 조직의 구조화 과정을 거쳤다. 구조화의 방식도 다양한 시각으로 접근이 가능하도록 여러 가지 분류를 시도해보았다.

일단 비용을 지출한 사람별로 구분해보고, 그 비용을 인쇄물을 만들고자 사용한 것인지 아니면 인건비로 사용한 것인지 등 비용 성격별로도 구분해보았다. 또한 그 비용을 수취한 외부 공급사를 기준으로도 분류해보았다. 각 결과를 놓고 토의를 거듭하자 세 가지의 명확한 시사점이 보였다. 먼저 매년 지출되는 수천억 원의 80%는 단 10개의 외부 공급사에 지불되고 있었다는 것이다. 또한 비용 성격별로 볼 때 광고 등 마케팅 활동을 진행하는 대행사의 인건비 비중이 높게 나타났다. 마지막으로 대행사를 활용하는 각 담당자들은 다른 팀의 담당자도 같은 공급사를 활용하고 있다는 사실은 인지하고 있었지만, 정확히 얼마를 지출하고 있는지는 알지 못했다.

담당 조직의 리더는 '엄청난 비용이 상위 10개 외부 공급사에 지출되고 있으나, 그 내역과 활용도에 대한 가시성이 낮다.'라고 문제를 정의했다. 그리고 팀원들도 이에 공감하는지 회의를 통해 확인했다. 문제에 공감한 팀원들은 다양한 문제해결 대안을 제시했다. 중복 지출을 방지하기 위한 방안, 성격이 유사한 물량을 한 공급사에 몰아주고 그에 따른 물량 할인을 요청하는 방안, 동일한 비용에서 추가 서비스를 끌어내는 방안 등이 제시되었다. 그중 지출 성격과 공급사를 통합해 관리하고, 추가 계약을 체결하게 되는 공급사에는 추가 할인을 요청하도록 하는 방안에 공감대가 형성되었다. 얼마 지나지 않아 담당 조직은 공급사와의 협상 테이블에 앉게 되었다.

메타인지는 협상 테이블에서 강력하게 활용된다

마케팅 업무의 특성상 광고 대행사 같은 공급사와 마케팅팀은 오랫동안 손발을 맞춘다. 이를 짧은 시간에 비용 문제 때문에 다른 대행사로 교체하는 것은 여간 어려운 일이 아니다. 이에 따라 담당 조직은 비용은 절감하되 기존의 대행사들을 유지해달라는 해결하기 쉽지 않은 압박에 직면했다. 강압적인 협상 자체가 불

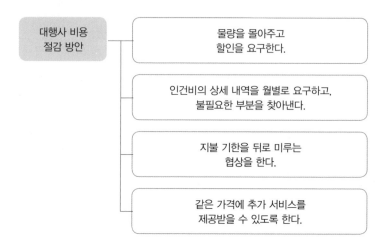

⚙ **대행사 비용 절감 방안 구조화 예시**

대행사 비용 절감 방안	물량을 몰아주고 할인을 요구한다.
	인건비의 상세 내역을 월별로 요구하고, 불필요한 부분을 찾아낸다.
	지불 기한을 뒤로 미루는 협상을 한다.
	같은 가격에 추가 서비스를 제공받을 수 있도록 한다.

가능한 상황이었다. 이러한 가운데 가장 많은 업무를 담당하던 대행사는 단가 인하가 절대 불가능하다는 입장이었다. 이미 수년에 걸친 할인 요구에 마진이 거의 남지 않을 수준까지 단가를 인하했다는 것이다.

　담당 조직은 이 협상에 어떻게 임할 것인지 토의를 진행했다. 가능한 협상 내용을 나열하고 이를 구조화한 뒤, 레벨업(Level-up)과 레벨다운(Level-down)을 통해 창의적인 방안을 함께 고민했다. 또한 대행사의 전제가 무엇이며 수용 가능한 옵션이 무엇일지도 집중적으로 고려했다. 그 결과 네 가지의 핵심 협상안을 가지고 테이블에 앉은 담당 조직은 물량 할인이라는 개념에 대행사는 관심이 없다는 사실을 금방 인지할 수 있었다. 어차피 추가 물량을 소화할 능력이 되지 않기 때문이었다. 또한 같은 이유로 추가 서비스를 제공할 수 있는 상황이 아니라고 설명했다.

하지만 다행히 지불 기한을 뒤로 미루는 것에는 대행사가 의외로 흔쾌히 동의했다. 이에 따라 15일 이내에 현금으로 지급하기로 되어 있던 지불 기한을 90일 이내 지급으로 75일을 미루었다. 대행사에 연간 지불하는 금액이 500억 원이고 당시 이자율이 3%라는 가정하에 연간 3억 원이 넘는 금융 조달 비용이 쉽게 절약되었다.

가장 핵심적인 부분은 월별 상세 인건비에 대한 분석이었다. 레벨다운해 살펴보자는 팀원의 의견에 따라 이를 요청해 분석한 결과, 불필요하다고 판단되는 활동 및 관리 미비로 발생하는 누수가 상당하다는 결과를 제시하게 되었다. 대행사도 어쩔 수 없이 그 결과에 동의했다. 이를 통해 양측이 합의한 절감 금액은 20%가 넘는다. 연간 100억 원에 달하는 금액이었다. 담당 조직이 메타인지를 발휘해 이 회사는 앉아서 연간 100억 원을 절약할 수 있게 되었다.

디지털 혁신으로
실패하다

디지털 혁신, 왜 해야 하는지부터 답하라

디지털 혁신이란 디지털 기술을 이용해 기업이 기존에 영유하고 있던 비즈니스 모델의 일부 또는 전부를 바꾸어 추가로 효율성과 매출을 확보하는 것이다. 대표적인 성공 사례로 꼽히는 것은 IT 회사로 변신한 도미노피자가 있다. 도미노피자는 앱, 문자, SNS 등 사람들이 많은 사용하는 거의 모든 디지털 채널을 통해 원하는 피자를 쉽게 주문할 수 있도록 디지털 혁신을 했다. AI 기반의 앱 등을 도입한 2018년 도미노피자의 매출은 34억 달러로 전년 대비 23% 상승하는 성과를 보여주었다.

한편 맥킨지 트랜스포메이션 서비스 리더 해리 로빈슨은 디지털 혁신을 시도했던 회사의 70%가 실패한다고 주장했다. 2019년 10월 중앙일보와의 인터뷰에서 그는 리더가 과감하고 명확한 목표를 잡지 못했을 때 기업은 디지털 혁신을 실패하게 된다고 말했다.

필자의 경험도 유사하다. 국내에서 활발한 비즈니스를 진행하고 있는 한 글로벌 제약사는 2010년대 중반부터 디지털 혁신을 주창했다. 최고 디지털 책임자를 임명하고, 디지털 혁신만이 살 길이라고 했다. 그러나 몇 년이 지났지만 무엇이 바뀐 것인지 확인하기 쉽지 않아 안타까운 마음이 들었다. 이 회사의 디지털 혁신 담당 조직은 당시 디지털이 큰 흐름이라는 사실과 디지털 혁신의 사례를 전파하는 데는 상당히 뛰어났다. 이들이 설명하는 이종 산업 사례 등은 새로운 문물을 처음 본 것과 같이 신기하고 매력적이었지만, 이러한 구상이 조직 내에 스며들지는 못했다. 무엇이 문제였을까?

메타인지적 시각에서 볼 때 디지털 혁신 실패는 전형적으로 노와이(Know-why)에 대한 인식이 없기 때문에 발생하는 현상이다. 왜 해야 하는지에 대한 인식이 필요한 것이다. 해리 로빈슨의 인터뷰 내용에 공감하는 이유다. 디지털 혁신은 먼저 조직이 문제의식을 가져야 한다. 그리고 그 문제의식이 조직 내에서 공감대를 불러일으켜야 한다. 조직의 무엇인가를 개선하기 위해 디지털 혁신이 되어야 한다는 말이다.

그러나 많은 디지털 혁신 실패 기업들은 그 반대의 접근법을 택했다. '디지털 혁신이 매우 좋은 것이기 때문에 우리는 이걸 할 건데, 어디를 혁신했으면 좋겠는지 가져오라'는 방식의 접근이다. 이런 주객이 전도된 형태의 혁신은 꼭 디지털이 아니더라도 성공하기가 어렵다.

코로나19 상황에는 비대면을 통한 비즈니스 영속이라는 확실한 목적이 있었기 때문에 디지털 혁신이 빠르게 이루어졌다. 다음 예문은 CEO나 CTO는 과거에 이런 역할을 하지 못했다는 점을 풍자한 내용이다.

당신 회사의 디지털 혁신은 누가 이끌었습니까?

1) CEO

2) CTO

3) 코로나19

주객전도를 피하라

글로벌 컨설팅 업체에 재직하던 당시에, 고객사의 요청이 있었으나 상황을 신중히 보다가 결국 거절한 디지털 혁신 업무만 대여섯 개가 된다. 이들의 한결같은 공통점은 목적이 불확실한데, 이를 개선해야 한다는 인식이나 의지도 없는 경우다. 추진하려는 이유도 유사하다. 주요 경영진들이 디지털 도입에 관심이 많아서, 아니면 경쟁사들이 하니까 우리도 해야 한다는 것이다. 이런 기업들의 결과는 뻔하다. 결국 제자리 맴돌기에 그치게 된다.

이처럼 주객이 전도된 업무 사례는 의외로 많다. 필자가 경험한 사례 중에는, 왜 교육을 해야 하는지에 대한 설명도 못 하는 상황이었는데도 일단 교육을 진행해야 한다는 요청도 있었다. 현 상황에 대한 진단을 통해 교육 기대효과를 설계할 수 있었다면 훨씬 좋았을 기회다. 또한 이해관계자들로부터 비난이 많아 지배구조를 바꿔야 하는데, 현재 지배구조가 가장 좋아 보인다는 문의도 있었다. 이런 경우 지배구조를 바꿀 것이 아니라 지금 지배구조가 타당한지를 보고 이를 이해관계자들에게 설득하는 것이 더 바람직했을 것이다. 몇 해 전 빅데이터가 유행할 때 회사 내 빅데이터가 이만큼 쌓였는데 이것으로 무언가를 하겠다며 여러 건의 문의가 들어왔었다. 무엇을 할 것인지 기업의 필요에 의해 정의하고, 가용한 데이터가 있는지 확인하는 것이 지당한 순서다. 이러한 '주객전도(主客顚倒)'의 망령은 AI 시대에도 존재한다.

〈MIT 슬론 매니지먼트 리뷰(MIT Sloan Management Review)〉와 컨설팅 회사 BCG가 함께 발표한 'AI로 승리하기: 전략, 조직 행동 및 기술을 결합하는 개척자들(Winning With AI: Pioneers Combine Strategy, Organizational Behavior and Technology)' 보고서에 따르면, 조사 대상이었던 2,500여 명의 기업 임원 중 90%는 이미 AI에 투자를 했다고 답했다. 그러나 이 중 어떤 형태

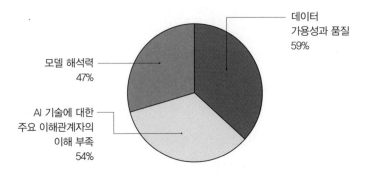

☼ AI 도입의 가장 큰 걸림돌

데이터
가용성과 품질
59%

모델 해석력
47%

AI 기술에 대한
주요 이해관계자의
이해 부족
54%

출처: IT비즈뉴스(2019.04.25)

로든 성과를 거둔 기업은 40%가 채 되지 않았다. 여기서도 주객
전도 상황에서 명확한 목적의식이 없었던 것이 큰 이유로 꼽혔다.

AI 프로젝트가 성과를 거두려면 경영진이 회사의 문제를 해
결하거나 상황을 개선하는 데 왜 AI가 효과적인지 이해해야 한
다. 또한 실패를 경험하게 되더라도 그대로 묻어두지 말고, 그 과
정에서의 교훈을 다음 프로젝트 시도에 활용할 수 있어야 한다.

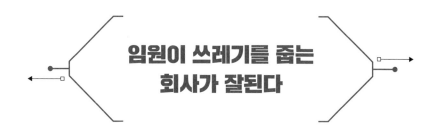

임원이 쓰레기를 줍는 회사가 잘된다

나의 미션과 우리의 미션은 같아야 한다

필자는 병역 의무를 지는 동안 아프가니스탄으로 파병을 갔던 경험이 있다. 당시 아프가니스탄 바그람(Bagram) 미 공군 기지 안에 위치한 한국군 병원에서 6개월간 복무하게 된 것이다. 생경한 환경에서의 군복무 경험은 평생 함께할 수 있는 친구들을 얻는 등 인생에 많은 도움이 되었다. 특히 통역 업무를 하면서 접했던 미군 지휘자들의 인식은 메타인지 향상에 많은 시사점을 주었다.

한국군 병원에서 6개월이 채 안 되는 기간 동안 현지 환자를 2만 명 넘게 진료했다. 그러자 동맹군 사령관을 맡고 있던 미군

장성이 직접 와서 치하를 해주는 행사가 열렸다. 행사에 참석한 이 장군은 도열한 병사들 사이를 걷다가 대뜸 이 중에 가장 주니어가 누구인지를 물었다. 자연스럽게 뒤에 서 있던 막내 일병이 지목되었고, 장군은 그 일병에게 걸어가 악수를 청하며 따뜻한 눈빛으로 몇 마디 말을 건넸다. 추후 그 일병에게 직접 이야기를 들어보니 악수를 하면서 손에 장군 표식이 박힌 기념주화를 쥐어주었고, '네가 있기 때문에 우리 동맹군이 미션을 수행할 수 있는 것'이라며 격려해주었다고 감격스러워했다.

이후 기지 안의 미군들과 식사를 할 기회가 있어서 장교 계급장을 달고 있던 한 미군에게 이 사례를 들려주었다. 그러자 그는 당연하다는 듯한 반응으로 다음과 같이 이야기했다.

"전체 군의 미션이 있고, 병사들은 그 미션을 수행하기 위해 복무하는 것이다. 그렇다면 장교가 해야 하는 역할은 그 병사들이 미션을 수행하는 데 필요한 모든 것을 해야 한다. 그것이 내가 배운 장교의 역할이다."

소위 '군대 같은 조직' '까라면 까라'는 표현이 유래한 곳이 군대로 알려져 있다. 또한 맥락 없이 일하는 것을 '삽질한다'고 표현하는 것도 군대의 무의미한 작업에서 유래한 표현이다. 이러한 표현은 흔히 회사 조직의 일방적인 커뮤니케이션과 경직된 조직 문화를 설명할 때 활용되기도 한다. 그러나 사실 제대로 돌아가는 군부대는 그 어느 조직보다 전략, 미션, 역할이 잘 정리되어 있다.

잘되는 회사는 임원이 청소를 한다

회사의 모든 것이 잘 운영되고 있고, 조직의 목표를 달성하고자 차근차근 나아가고 있는 상황이라면, 조직의 리더는 무엇을 해야 할까? 그 대답을 의외로 국내 대기업의 한 계열사 임원에게 배울 수 있었다.

해당 계열사는 그룹사의 신사업으로 대규모 투자를 통해 시작된 회사였다. 현재는 그룹의 독보적 미래 사업으로 자타가 공인하고 있는 곳이다. 그러나 과거에는 큰 관심을 받지 못했고, 비즈니스 자체도 굴곡이 없었다. 장기간의 계약을 수주해 이를 안정적으로 이행하기만 하면 되는 사업이었기 때문에 회사의 전체 분위기가 안정적이고 여유가 있었다. 비즈니스의 성과도 그룹이 기대한 타임라인에 맞추어 차근차근 성장하고 있었다.

이러한 회사에 대한 자문을 부탁받은 필자는 해당 계열사에 방문해 담당 임원과 점심 식사 후 사업장을 거닐다가 다소 놀라운 경험을 했다. 함께 산책을 하던 담당 임원이 아스팔트 바닥에 떨어져 있는 작은 쓰레기를 줍는 것이 아닌가. 약간 당황한 것을 눈치챘는지 멋쩍게 다음과 같이 말씀하셨다.

"회사가 잘 돌아가서 할 일이 없으면 임원이 이런 거라도 해야지."

사실 그 회사는 비즈니스가 안정적으로 성장하고 있을 때 비즈니스 연속성 전략을 수립하고자 필자를 부른 것이었다. 현재는

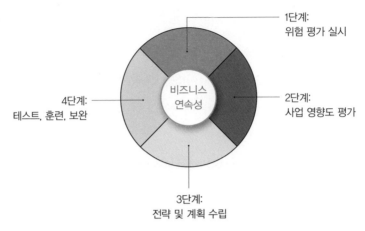

1단계:
위험 평가 실시

비즈니스
연속성

4단계:
테스트, 훈련, 보완

2단계:
사업 영향도 평가

3단계:
전략 및 계획 수립

출처: Stay in Business.com

사업이 잘 성장하고 있지만, 혹시라도 발생할 수 있는 대규모 감염병이나 지진 등의 재난, 화재, 정보의 유출 등의 상황에서 안정적으로 성장하고 비즈니스를 이어갈 수 있는 계획을 사전에 준비하고자 했던 것이다. 참고로 이는 이미 2010년대 중반에 있었던 일인데, 이 회사는 2020년에 발생한 코로나19 상황에도 지속적인 성장을 거두었다. 이 비결이 철저한 준비와 노력 덕분이었다는 것을 아는 사람은 많지 않다.

어쨌든 앞서 던졌던 '조직의 모든 것이 잘 운영되고 있다면 리더는 무엇을 해야 하는지'에 대한 두 가지 답변을 얻은 셈이었다. 첫째, 예상치 못한 위험 상황이 발생해도 사업을 안정적이고 지속적으로 운영할 수 있는 방안을 미리 수립한다. 둘째, 쓰레기라도 줍는다. 특별한 조치 없이도 비즈니스가 잘 운영되고 있다면, 직원들이 보다 나은 환경에서 계속 성과를 거둘 수 있도록 청소라도 하는 것은 부끄럽거나 과한 일이 아니다. 지극히 메타인지적 사고의 결과다.

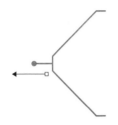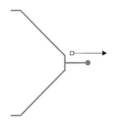

방법을 고민하면
결과가 바뀐다

노왓으로 황금알을 낳는다

국내 바이오 산업에서 황금알을 낳는 회사로 성장한 이 기업의 담당자들을 처음 만났을 때, 본인들의 상태를 '모르는 것을 모르는 상태'로 정의했다. 스스로 모르고 있는 것조차 모르는 상황이라니, 이는 상당히 수준 높은 메타인지가 작동해야 가능한 판단이다. 이들은 무엇을 모르는지 파악하기 위해 이미 세상에서 황금알을 낳고 있다는 동종 회사를 모조리 벤치마킹하고자 했다. 이를 통해 본인들이 부족한 부분을 밝히고 끊임없이 학습하겠다는 것이었다.

⚙ 통상적인 벤치마킹 과정 예시

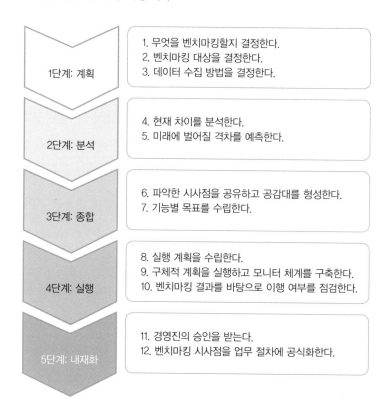

1단계: 계획
1. 무엇을 벤치마킹할지 결정한다.
2. 벤치마킹 대상을 결정한다.
3. 데이터 수집 방법을 결정한다.

2단계: 분석
4. 현재 차이를 분석한다.
5. 미래에 벌어질 격차를 예측한다.

3단계: 종합
6. 파악한 시사점을 공유하고 공감대를 형성한다.
7. 기능별 목표를 수립한다.

4단계: 실행
8. 실행 계획을 수립한다.
9. 구체적 계획을 실행하고 모니터 체계를 구축한다.
10. 벤치마킹 결과를 바탕으로 이행 여부를 점검한다.

5단계: 내재화
11. 경영진의 승인을 받는다.
12. 벤치마킹 시사점을 업무 절차에 공식화한다.

출처: Strategic Management Insight

　　자문 업무가 진행되는 과정에서도 처음 듣는 용어가 나오면 별도로 모여 술렁거리는 모습을 자주 보았다. 이렇게 중요한 개념이 있었는데 우리가 몰랐다는 반응이었다. 필자가 근무하던 글로벌 컨설팅사의 해외 지사에서 날아온 경험 많은 전문가도 고객사의 반응이 상당히 흥미 있다는 표정이었다. 이들은 이러한 방식으로 특정 분야에 대한 큰 그림을 확보했다. 이미 황금알을 낳고 있는 기업들이 특정 분야에서 진행하는 모든 업무의 리스트를 만드는 식이었다. 이 큰 그림을 바탕으로 아직 본인들이 모르는 것들의 리스트를 작성하는 것이 두 번째 할 일이다.

그다음에는 모르는 업무 리스트를 1번부터 다시 상세히 파악하는 벤치마킹을 진행했다. 이는 앞서 소개했던 메타인지의 9개 세부 요소로 보자면, 먼저 내가 무엇을 알고 모르는지를 확인하고(노왓, Know-what), 리스트를 만든 뒤 하나씩 상세 내용을 파악하며(노하우, Know-how), 그 과정을 통해 배우는(평가, Evaluating) 전형적인 메타인지 향상의 사례였다.

필자는 그 모습을 보면서 그 조직의 모든 구성원들에 대한 경외심이 들었다. 구성원 개개인이 정확히 어떤 동기를 갖고 있는지 확인할 수 있는 방법은 없지만, 대단히 열정적으로 본인들이 모르는 것을 하나씩 찾아갔다. 그 노력이 결국 대한민국 바이오 산업의 단기 성장을 이끌어낸 것이라고 믿는다.

노하우를 질문하라

필자가 컨설팅을 진행해보면 대부분의 고객사 최고 의사결정권자들은 결론이 무엇인지를 무척 궁금해한다. 과정보다는 시사점이 무엇인지를 묻는 것이다. 그런데 필자가 담당했던 60여 곳이

☼ 전략 컨설팅 방법론 예시

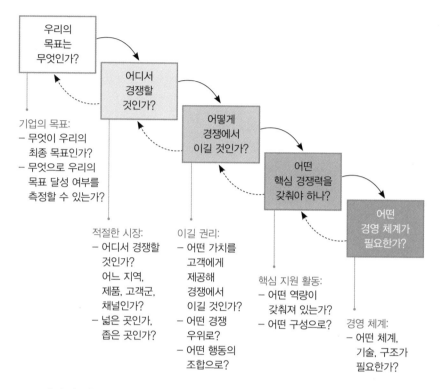

출처: 딜로이트 컨설팅

넘는 고객사 중에 딱 두 곳이 컨설팅 방법론, 즉 노하우를 궁금해 했는데, 그중 한곳이 바로 앞에서 소개한 국내 굴지의 대기업이다. 나머지 한곳은 브랜드 가치가 매우 높은 것으로 알려진 글로벌 제약 및 소비재 기업이었다. 이 회사는 리더가 끊임없이 방법론에 대한 조직적 메타인지를 일깨워 성과를 창출한 사례로 기억한다. 이 회사와 업무를 진행하며 유독 많이 들었던 질문은 다음과 같다.

"컨설팅을 하실 때 리서치는 어떻게 하는 거예요?"

"이건 어떤 방법을 쓰나요?"

"혹시 이 방법론에 대해 교육을 진행해주실 수 있을까요?"

필자는 해당 고객사에 5개 정도의 자문 프로젝트를 진행했는데, 만나는 담당자마다 빠짐없이 방법론을 물었던 것으로 기억한다. 메타인지적으로 보면 이는 메타인지적 인식(Metacognitive Awareness)의 한 요소인 노하우에 대한 관심의 표현이며, 자문 결과를 더 잘 흡수하기 위한 신호다.

이런 이유 때문인지 해당 고객사는 재무적 성과 측면에서도, 시장에서의 브랜드 가치 측면에서도 항상 수위를 달리고 있으며, 많은 전문가들이 함께 일하고 싶어 하는 곳으로 알려져 있다. 더구나 근무하는 직원들의 만족도가 높고, 평균 재직 기간도 긴 편이다. 노하우에 대한 끊임없는 의문이 결국 회사의 업무 진행 효율을 높였고, 합리적인 문화를 형성했다고 생각한다. 이러한 문화가 형성된 회사에 인재가 모이는 것은 당연한 결과다.

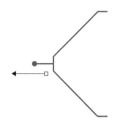
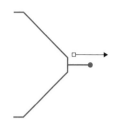

그래서 AI를
어디에 쓸 것인가

AI는 인간이 발명한 최고의 도구다

AI의 최대 효용은 인간 능력의 확장이다. 이를 단순히 생각하면 AI는 사람이 하는 기능(Function)을 대신하거나 사람이 손대지 못하는 것을 처치할 수 있는 도구다. 잘 만들어진 도구는 편리하고 효율적이다. AI는 지금까지 인류가 개발한 도구 중에 가장 세련되고 스마트한 형태다.

산업혁명을 일으킨 주요 도구는 증기기관이었다. 사람이나 가축이 끌던 이동 수단을 도구로 대체한 것이다. AI는 무엇을 어떻게 대체하게 될까? 만일 망치와 칼, 톱 등의 도구를 개발한 인간이 이 도구의 쓰임새가 대단해서 오로지 망치와 칼, 톱을 만드는 장인을 양성하고, 제조 기술의 연구에만 몰두했다면 어떻게 되었을까?

바둑기사 이세돌을 꺾어 모두가 알고 있는 알파고는 상위 버전인 알파고제로에 패했다. 이때 활용된 컴퓨터 하드웨어를 관심 있게 살펴볼 필요가 있다. CPU(Central Processing Unit)란 용어를 한 번쯤은 접해봤을 것이다. 보통 PC에는 CPU가 1개 들어간다. 같은 개념으로 구글의 텐서플로라는 머신러닝 신경망을 활용할 때는 TPU(Tensor Processing Unit)라는 머신러닝 전용 프로세서가 활용되는 경우가 많다. 보도에 따르면 알파고가 이세돌을 꺾을 당시 대략 48TPU가 연산을 위해 활용된 하드웨어로 알려져 있다.

그런데 알파고제로는 알파고를 꺾기 위해 혼자 며칠간 학습하면서 사용한 하드웨어 컴퓨팅 파워가 5천TPU라고 알파고제로를 소개한 논문에 명시되어 있다. 이를 여러 전문가들이 비용으로 환산하는 분석을 실시했는데, 그 결과 알파고제로를 학습시키는 데는 대략 35억 원 이상의 비용이 소요된다고 한다. 바둑한 판 이기려고 35억 원을 기꺼이 지불할 개인이나 기업은 많지 않을 것이다.

이것이 우리에게 주는 시사점은 무엇일까? AI 기술과 알고리즘은 이미 상당한 수준으로 발전했다. 수많은 사전 개발 모델 AI도 이미 존재한다. 그런데 소요되는 컴퓨팅 파워는 상당한 수준의 자원이 필요하다. 결국 자본력 싸움이 될 양산이 크다. 극단적으로 이야기해서 AI 시대에는 많은 투자금을 들여 최신 TPU를 대량으로 활용하면 뛰어난 연산과 머신러닝이 가능하다는 결론이 나온다. 물론 데이터가 있다는 전제하에서다. 결국 AI 시대 게임의 룰은 첫째, 누가 AI 학습을 위한 데이터를 보유하고 있는가, 둘째, 데이터가 불필요한 자가학습이라면 누가 슈퍼 컴퓨팅 파워를 소유하고 있는가의 경쟁으로 치달을 수 있다.

현재의 클라우드 서비스처럼 대량의 컴퓨팅 파워를 서비스 형태로 구독하는 비즈니스 모델도 출현할 수 있지만, 이것도 여전히 자본력으로 해결이 가능하다. 만일 투자 가능 자본이 무한대라면 당신과 당신의 기업이 AI 시대에 해결 가능한 문제는 거의 무한대다. 그러나 현실에서 투자 가능한 자본은 늘 제한적이다. 당신은 제한된 자원으로 AI에 어떤 일을 맡길 것인가?

도구는 활용처가 중요하다

전문 시장조사기관 가트너(Gartner)는 세계 AI 산업 규모가 2020년 2조 6천억 달러에서 2021년 3조 3,460억 달러, 2022년에는 5조 520억 달러로 증가할 것이라 예상했다. 또한 컨설팅사 맥킨지의 2018년 발표에 따르면 2030년까지 AI는 전 세계 GDP를 13조 달러 끌어올리게 될 것이다.

실제 굵직한 투자도 이어지고 있다. 전기차 생산업체 테슬라의 창업자로 잘 알려진 일론 머스크는 AI에 대해 부정적 견해를 피력해왔다. 그랬던 그가 마이크로소프트에서 1조 원이 넘는 돈을 투자받아 오픈AI(OpenAI)라는 단체를 조직했다. 이 조직에서 만든 GPT-3라는 자연어처리 AI 알고리즘이 2020년 6월 공개되면서 많은 화제를 모았다. 역사상 인간과 가장 유사하게 텍스트를 생성하는 알고리즘이었기 때문이다. 한 대학생은 GPT-3를 이용해 블로그에 올리는 제목과 콘텐츠를 자동 생성했고, 몇 시간 만에 방문자가 2만 6천 명을 넘어섰다. 방문자 중에 해당 블로그가 AI에 의해 작성되었다는 사실을 의심한 사람은 단 1명이었다고 한다.

GPT-3와 같은 사례는 코어 AI 기술로 분류된다. 사실 AI 발전을 이끄는 가장 핵심적인 기술 분야는 당연히 이 코어 AI 기술 분야다. 과학으로 치자면 기초과학과 같은 것이다. 그러나 대부분의 사람들은 수백억 원에서 조 단위까지의 투자가 요구되는 코어 AI 기술 분야보다는 그 밖의 분야에 관심을 갖는 것이 타당하다. AI 응용 분야, 기업용 AI 및 산업별 AI 시장도 그 성장세가 기하급수적이며, 시장의 규모도 코어 AI 기술 분야를 압도하기 때문이다.

결국 하루가 다르게 발전하는 AI를 활용하기 위해 우리가 던져야 하는 질문은 다음과 같다.

⚙ AI 기술 분류

구분	내용
코어 AI 기술	딥러닝, 자연어처리(NLP), 스피치 인지 및 텍스트 음성 전환, 비전 인식, 로봇 및 센서 등
AI 응용 분야	챗봇, 가상비서, 각종 예측 모델 등
기업용 AI	고객 서비스 및 지원 솔루션, 채용 시스템, 상거래 추천 서비스, IoT, 법률 지원, 보안 지원 등
산업별 AI	자율주행, 투자 어드바이저, 교육, 디지털 의료 솔루션 등

1. 지속적 데이터 수집이 가능한 체계를 어떻게 수립하는가?

2. 업무 중 자동화가 가능한 곳은 어디인가? 즉 일정한 패턴이 있는 곳은 어디인가?

3. 그 부분을 왜 자동화해야 하는가? 꼭 해야 하는가?

4. 해야 한다면 얼마나 자동화해야 하는가?

코딩의 종말

"파트너님, GPT-3가 나온 지 얼마 되지도 않았는데, GPT-4 가 나온대요."

"네, 저도 관심 있게 보니까 사람이 지시만 해도 AI가 저절로 코딩을 해주더군요. 아주 놀라웠습니다."

"저도 이제 파이썬 코딩 배우던 거 그만둬야 할 거 같아요."

"코딩보다는 문제해결사가 돼야 하는 것은 분명한 것 같습니다. 코딩이 문제를 해결하는 기술적 방법을 익히는 것이라면, 문제를 정의할 수 있는 메타인지도 키워야 합니다. 가까운 미래에 데이터의 한계는 자가학습 AI가 해결할 것으로 예측되고, 코어 AI 기술은 특이점을 돌파할 겁니다. 그때는 이것들을 가지고 무

⚙ AI 사용의 최대 걸림돌

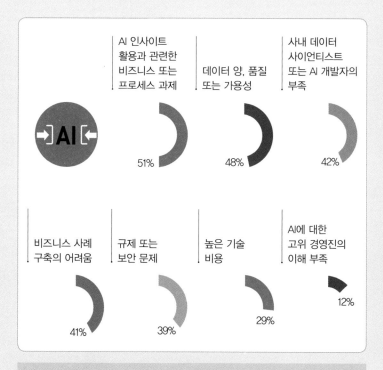

AI 인사이트 활용과 관련한 비즈니스 또는 프로세스 과제 — 51%

데이터 양, 품질 또는 가용성 — 48%

사내 데이터 사이언티스트 또는 AI 개발자의 부족 — 42%

비즈니스 사례 구축의 어려움 — 41%

규제 또는 보안 문제 — 39%

높은 기술 비용 — 29%

AI에 대한 고위 경영진의 이해 부족 — 12%

MIT대학교의 설문조사 결과에 따르면 AI 활용의 최대 걸림돌은 데이터나 개발자의 부족이 아니었다. 바로 AI 인사이트 활용과 관련한 비즈니스 또는 프로세스 과제가 첫 번째로 꼽혔다.

출처: MIT Technology Review Insights 설문조사(2020)

엇을 할지 유효한 판단을 하는 사람이 무척 필요하겠지요."

"네, 파트너님. 그동안 정말 감사했습니다. 프로젝트에서 배운 점도 많아요. 그런데 이번에 개발된 모델에 대한 특허 출원 시에 제 이름도 넣어주실 거죠?"

"물론이죠. 참여한 샘의 이름이 빠질 수는 없지요. 그리고 보니 AI 시대에 데이터 및 모델과 관련된 지적재산권을 지키고 보호해야 한다는 것도 무척 중요한 포인트입니다. 그럼 다음 프로젝트에서 또 함께 일하도록 합시다. 수고 많았어요."

"네, 파트너님. 수고 많으셨습니다!"

메타인지, 생각의 기술

초판 1쇄 발행 2020년 12월 22일
초판 6쇄 발행 2022년 8월 5일

지은이 | 오봉근
펴낸곳 | 원앤원북스
펴낸이 | 오운영
경영총괄 | 박종명
편집 | 최윤정 김형욱 이광민 양희준
디자인 | 윤지예 이영재
마케팅 | 문준영 이지은 박미애
등록번호 | 제2018-000146호(2018년 1월 23일)
주소 | 04091 서울시 마포구 토정로 222 한국출판콘텐츠센터 319호(신수동)
전화 | (02)719-7735   팩스 | (02)719-7736
이메일 | onobooks2018@naver.com   블로그 | blog.naver.com/onobooks2018
값 | 17,000원
ISBN 979-11-7043-152-7 03320

이 도서의 국립중앙도서관 출판예정도서목록(CIP)은 서지정보유통지원시스템 홈페이지(http://
seoji.nl.go.kr)와 국가자료종합목록 구축시스템(http://kolis-net.nl.go.kr)에서 이용하실 수 있습
니다. (CIP제어번호 : CIP2020048312)